Masuren

Sonderausgabe

© KOMET Verlag GmbH, Köln
www.komet-verlag.de
Satz: Feierabend Unique Books, Köln
Gesamtherstellung: KOMET Verlag GmbH, Köln

ISBN 978-3-86941-243-6

TRAVIS ELLING

Masuren

KOMET

◀ **Getreidefelder** und eine unversperrte Aussicht auf den weiten Himmel – auch das gibt es in Masuren.

Einleitung

Masuren nennt man das „Land der tausend Seen" oder die „grüne Lunge Europas". Jahrzehntelang lag die grüne Region im Nordosten Polens, der heutigen Woiwodschaft „Ermland-Masuren", in einem touristischen Winterschlaf. Erst seit wenigen Jahren weckt sie wieder die Aufmerksamkeit von Naturfreunden aus aller Welt. 250.000 Besucher registrieren die Frem-

▶ Ruhe, Frieden und pittoreske Szenen wie diese – manche Momente an den masurischen Seen könnten auch der Fantasie eines Hintergrundmalers entsprungen sein.

denverkehrsämter Polens hier inzwischen jährlich. Das ist keineswegs verwunderlich, bildet Masuren doch wahrhaftig ein Paradies für Wanderer, Erholungssuchende und Sportler. Die Masurische Seenplatte, die Pojezierze Mazurskie, mit ihren über 2.500 Seen gilt freilich auch in Polen als eine der wichtigsten Touristenattraktionen. Malerische Seen und einladende Wälder wechseln sich in einer eiszeitlichen Moränenlandschaft ab. Menschliche Ansiedlungen passen sich wie kleine Puz-

zleteile in das Grün und Blau der Natur ein und sind noch heute rar gesät. In gewisser Weise stellt das heutige Masuren einen Triumph der Natur über die Menschengeschichte dar. Selbst die Landwirtschaft hat hier teilweise wieder auf ökologische Produktion umgestellt. Die weitläufigen Naturschutzgebiete Masurens sind ein weiteres positives Beispiel für den harmonischen Umgang mit der Natur. Doch in der ganzen Region gibt es heute mehr Wälder, mehr Störche und Fische, mehr Heidelbeersträucher – mehr Platz für die Natur sozusagen – als noch vor gut 70 Jahren, als das Ende des Zweiten Weltkriegs die Geschichte und das Wesen Masurens gründlich änderte.

Bei aller natürlichen Schönheit ist Masuren aber nicht nur aufgrund seiner Ausflugsmöglichkeiten und Sportgelegenheiten für Touristen attraktiv. „Wo sich aufhört der Kultur, da sich anfängt der Masur", verkündet zwar ein uraltes lokales Sprichwort, doch liegen die Dinge heute angesichts des außerordentlichen touristischen und wenn auch bescheidenen wirtschaftlichen Aufschwungs im letzten Jahrzehnt anders. Masuren ist nicht nur Natur und frohes Erleben, nicht nur gelassene Gegenwart. Masuren präsentiert dem aufmerksamen Besucher zugleich eine faszinierende Mischung neuer und alter Kulturmonumente und historisch-literarischer Geisterlandschaften. Die alten Ordensburgen und historischen Städte sind ebenso stumme wie imposante Zeugen der Vergangenheit. Doch wer „im Süden Ostpreu-

◀ **Die Allensteiner Ordensburg** gehört zu den zahlreichen beeindruckenden Gebäuden, die noch heute an die Zeit des Deutschen Ordens im heutigen Nordpolen erinnern.

▶ In der Domkirche von Kwidzyn (Marienwerder) ließ sich Dorethea von Montau freiwillig in eine Zelle einschließen, um sich als Reklusin der inneren Hingabe an Gott zu widmen. Die Patronin des deutschen Ordens und Preußens wurde 1976 heiliggesprochen.

ßens, zwischen Torfmooren und sandiger Öde, zwischen verborgenen Seen und Kiefernwäldern" wandert, wird auch die Relikte jener „Mischung aus pruzzischen Elementen und polnischen, aus brandenburgischen, salzburgischen und russischen" finden, die Siegfried Lenz in seinem Erzählband „So zärtlich war Suleyken" beschreibt. Doch Masuren ist bei aller Nostalgie ein Land der Gegenwart. Das Bild vom regelrecht anti-zivilisatorischen Idyll, vom „Land, das ohne Eile beginnt, das gerne die Zeit verschläft", das Literaturinteressierte von Surminski kennen, ist ein vergangenes. Die hier mehrheitlich ab 1945 angesiedelten Polen, die meist aus den von der Sowjetunion beanspruchten Ostgebieten Polens hierhin vertrieben wurden, haben gemeinsam mit den wenigen im Land gebliebenen deutsch- und masurischsprachigen „Altmasuren" trotz schlechter ökonomischer Bedingungen Gemeinsames neu geschaffen; die wundervollen gut organisierten Erholungsgebiete, eine neue städtische Infrastruktur, deren sozialistische Bauten vielleicht auch nicht jedermanns Sache sind, sind die Zeugnisse eines produktiven Miteinanders. So ist das heutige Masuren ein gutes Beispiel für das neu entstehende „Europa der Regionen".

▶ Masuren ist ein Land der Wälder und der oft unberührten Naturgebiete. Die Woiwodschaft Ermland-Masuren wird zu 29,9 % von Wäldern bedeckt, 42,8 % des Gebiets werden für die Landwirtschaft genutzt.

VOM SCHREIBEN
UND UNSCHREIBEN
DER GESCHICHTE

Im heutigen Masuren, so heißt es, lebten einst verschiedene pruzzische Stämme. Da es sich hier um – zudem noch wehrhafte – Heiden handelte, sollten sie „christianisiert" werden. Der damalige masowische Machthaber rief den Deutschen Orden hinzu, der zur Verbreitung des Wortes Gottes und damit der eigenen Überzeugung auch das Schwert zog. Die „Christianisierung" gelingt, das Land ist leerer als zuvor, und es werden neue Bewohner gebraucht. Also lockt man deutsche Siedler in den entstehenden Ordensstaat. Aber auch aus dem benachbarten Masowien kommen Menschen hinzu; deren Zustrom verstärkt sich besonders nach 1500, als der Ordensstaat langsam endgültig den Geist aufgibt und das Gebiet unter polnische Lehnsherrschaft kommt. Auf die Masowier, die Masurisch sprechen, geht dann auch die heutige Bezeichnung des Gebiets zurück.

Die Geschichte geht allerdings nicht gerade freundlich mit dem Gebiet um: Immer wieder rollen Heere von Osten nach Westen und in umgekehrter Richtung über das Gebiet. Im 17. Jahrhundert fallen die Tartaren ein und verbreiten Angst und Schrecken. Ihnen folgt die Pest – die Geschichte praktisch aller masurischen Ansiedelungen wurde von diesen Ereignissen geprägt. Bald geht Masuren, als Teil des Herzogtums Preußen, in das brandenburgisch geprägte Preußen ein. Im Zuge der Reformation tritt fast die gesamte Bevölkerung zum Protestantismus über, aus dem katholisch bleibenden Polen wandern protestantische Gruppen aus. Aufgrund der damals ausgeprägten preußischen religiösen Toleranz kommen aber auch andere Gruppen hierher, besonders die russischen Altgläubigen siedeln sich in Masuren an.

Das 19. Jahrhundert bringt für die deutsch geprägten Länder ein Erstarken des Nationalgedankens: Deutschtum und die deutsche Sprache werden nun gefördert, andere Sprachen von der Obrigkeit nicht mehr so gern gesehen; natürlich, auf dem Land interessiert das keinen so richtig. Der Erste Weltkrieg verwüstet wieder fast alle Städte; zudem werden der Status der Region und ihre staatliche Zugehörigkeit in Frage gestellt (siehe „Die Volksabstimmung Allenstein"). Im Zweiten Weltkrieg wird Masuren zum „Tor nach Osten" für die nationalsozialistischen Angriffe auf Polen und die Sowjetunion. Am Ende des Krieges werden wieder fast alle Städte zerstört, die deutsche Bevölkerung flieht, wo sie kann; der Rest wird vertrieben oder ermordet, einer „altmasurischen" Minderheit wird der Verbleib erlaubt. Die deutschen Masuren ziehen mehrheitlich ins westdeutsche Ruhrgebiet. Ihre „alte Heimat" wird nun wieder besiedelt, diesmal hauptsächlich mit Menschen aus den polnischen Ostgebieten, die sich wiederum die Sowjetunion einverleibt. Die Region wird, unter anderem, wieder katholisch, die Population hat wieder abgenommen. Durch das Ende des Kalten Krieges und die Auflösung der Sowjetunion bedingt kommt es ab Ende des 20. Jahrhunderts wieder zu einer Öffnung nach Westen; der Tourismus eröffnet neue wirtschaftliche Möglichkeiten, und gerade viele Deutsche interessieren sich nun für die Kultur und Umwelt der Region, in denen ihre gar nicht mal so entfernten Vorfahren einmal gelebt, geträumt, gelitten und geangelt haben.

▼ **Der Krutynia-Fluss** gehört zu den vielen Wasserwegen, die sich wie ein feuchtes Straßennetz durch Masuren ziehen und die verschiedenen Flüsse verbinden.

Die grüne Lunge Europas

◀ **Der Białowieża-Urwald**, nahe Augustów gelegen, ist eines der letzten weitgehend naturbelassenen Gebiete Europas. Besuche des geschützten Gebiets unterliegen gewissen Beschränkungen.

Glaubt man den Berichten in Arno Surminskis „Die Reise nach Nikolaiken", dann sollen die ersten Automobile zu Beginn des letzten Jahrhunderts ihren Dienst verweigert haben, als sie der masurischen Wildnis ansichtig wurden. Auch heute ist mancher Besucher von der weitgehend unberührten masurischen Natur zunächst erschlagen. Masuren bietet seinen Gästen eine wahrlich einzigartige, vielfältige Tier- und Pflanzenwelt. Hier öffnen sich von Flüssen durchzogene Mischwälder auf klare Seen oder weiche, artenreiche Sumpfgebiete. Über 350 Vogelarten können Vogelkundler in dieser idealen Umgebung in freier Wildbahn betrachten, oftmals weitab von den störenden Einflüssen des Massentourismus. Doch trotz der überwältigenden Fülle unberührter Gebiete muss auch hier der Schutz der Natur energisch vorangetrieben werden. Auch dann, wenn dies nicht mit den kurzfristigen ökonomischen Interessen der Bewohner dieser relativ armen Region Polens vereinbar ist. Um dennoch diesen faszinierenden und wunderschönen Teil Polens für unsere Nachfahren zu erhalten, wird allen Beteiligten – den Bewohnern ebenso wie den Besuchern, den Politikern wie den Öko-Aktivisten – viel Idealismus und Disziplin, eine große Offenheit und auch ein ungeheures Maß an Engagement abgefordert. Die Bereitschaft dazu besteht durchaus, wie sich unter anderem an der Tätigkeit der im Jahr 1994 gegründeten „Stiftung zum Schutz der großen Masuri-

schen Seen" (FOWJM) zeigt. Die FOWJM hat sich in der Errichtung von Kläranlagen, der internationalen Kommunikation in Sachen Umweltschutz und -technik sowie in der ökologisch unbedenklichen Modernisierung touristisch relevanter Objekte engagiert und damit, zusammen mit ähnlichen Organisationen, viel zur Entwicklung eines „naturfreundlichen" Lebens- und Erholungsraums beigetragen.

◀ **Masuren** bietet eine abwechslungsreiche Landschaft, von dichten Wäldern, schönen Seegebieten und offenen Feldern bis hin zu den rollenden Hügeln des Nordostens. Zuweilen kann man sich des Gefühls nicht erwehren, dass die moderne Zivilisation die Gegend noch kaum berührt hat – so falsch dieser Eindruck auch sein mag.

Aber wir wollen uns jetzt den masurischen Waldgebieten, die immerhin 30 % Masurens bedecken, und den benachbarten Städten und Siedlungen zuwenden, die die „Mazury Garbate" oder das „bucklige Masuren" wie eine grünes Geflecht durchziehen. Wir beginnen unsere Erkundungsreise ganz im Nordosten, nahe der Grenze zum Kaliningrader Gebiet, südwestlich der Grenze zu Litauen.

Von Wald zu Wald

Die polnisch-russische Grenze zieht sich hier durch das Naturschutzgebiet Rominter Heide („Puszcza Romincka"); der Name leitet sich wahrscheinlich von einem Heiligtum der Pruzzen ab, das sich auf der russischen Seite der Grenze befunden haben dürfte. Früher war dies ein bei den preußischen Herrschern beliebtes Jagdgebiet; folgerichtig ließ sich Jagdfreund Hermann Göring im heute russischen Teil des

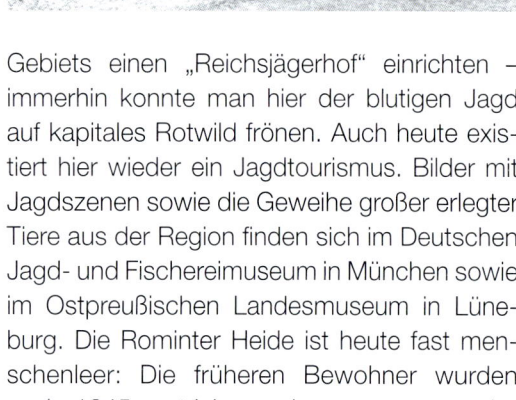

▶ Die historische Aufnahme zeigt den Marktplatz von Olecko. Die Stadt hieß ursprünglich Marggrabowa und wurde umgangssprachlich auch Oletzko genannt; von 1928 bis 1945 trug sie den Namen Treuburg. Bis 1945 war dies der größte Marktplatz Deutschlands.

Gebiets einen „Reichsjägerhof" einrichten – immerhin konnte man hier der blutigen Jagd auf kapitales Rotwild frönen. Auch heute existiert hier wieder ein Jagdtourismus. Bilder mit Jagdszenen sowie die Geweihe großer erlegter Tiere aus der Region finden sich im Deutschen Jagd- und Fischereimuseum in München sowie im Ostpreußischen Landesmuseum in Lüneburg. Die Rominter Heide ist heute fast menschenleer: Die früheren Bewohner wurden nach 1945 vertrieben oder zwangsumgesie-

delt, was Hase, Biber, Fuchs und Heidepflanzen die vollständige Eroberung der Gegend ermöglichte; aufgrund der Grenzsituation kam es hier nur zu wenigen Neuansiedelungen. Heute besteht die Grenzbefestigung übrigens weitgehend nur noch aus einer freigelegten Schneise; man sollte dies aber nicht als Aufforderung ansehen, die Grenze „einfach so" zu überqueren.

Die wichtigste Ortschaft im polnischen Teil der Rominter Heide ist Żytkiejmy, früher Szittkehmen. Żytkiejmy war vor dem Zweiten Weltkrieg trotz seiner geringen Größe (ca. 1.000 Einwohner) ein recht bedeutender Handelsplatz, da es nahe an den damaligen deutschen Grenzen zu Polen und Litauen lag. Zudem gab es eine Eisenbahnverbindung zur Kleinstadt Gołdap („Goldap"). Gołdap wurde im Jahr 1570 gegründet; als Grenzstadt litt der Ort oft durch Übergriffe; im Jahr 1657 wurde Gołdap vollständig von den einfallenden Tartaren niedergebrannt; nur wenige Bewohner sollen das Ereignis überlebt haben. Die Stadt brannte 1694 und 1834 weitgehend ab und wurde 1914, damals stolzer Standort des zweitgrößten Marktplatzes Deutschlands, von der russischen Armee zerstört. Im Rahmen des „Wiederaufbauprogramms Ostpreußen" wurde Gołdap im Stil der neuen Sachlichkeit wiedererrichtet. Auf dem nahen Gołdapska Góra („Goldaper Berg") kann man im Winter sogar Ski fahren; der Goldaper Berg schafft es auf bis zu 272 Meter über dem Meeresspiegel. Etwas

DIE PRUZZEN

Die geschichtsrelevant ursprünglichen Bewohner der Masuren gehörten dem baltischen Volksstamm der Pruzzen oder Prußen an. Sie widersetzten sich lange Zeit der Christianisierung und ließen sich von den polnischen Herrschern, die sich gern einen Zugang zum Meer erobert hätten, auch nicht unterwerfen; so erfolglos waren die Eroberungsversuche des polnischen Herrschers Konrad von Masowien, dass er, gegen die Pruzzen in der Defensive, den Deutschen Ritterorden um Hilfe bat.

Um die Geschichte nicht zu einseitig erscheinen zu lassen, wollen wir auch erwähnen, dass die Pruzzen wohl gern über die Masowier herfielen: Sie brauchtes, so heißt es, Menschenopfer für ihre Naturgötter. Kein Wunder also, dass Konrad von Masowien seine Bevölkerung schützen wollte. Als Gegenleistung sollte der Orden die „befriedeten" Gebiete erhalten. Ab 1234

unterwarf der Ritterorden dann auch die Pruzzen und richtete sich in dem bald Preußen genannten Gebiet ein. Die Pruzzen waren allerdings nicht gern untertan; es kam immer wieder zu Aufständen, auch die Christianisierung wollte nicht richtig funktionieren, man hielt an Vielweiberei, Frauenhandel und Aberglauben fest. Anlässlich der Pruzzenaufstände von 1243 rief Papst Innozenz IV. sogar zum Kreuzzug gegen die Pruzzen auf; manche Autoren gehen davon aus, dass dabei 20 bis 50 % der pruzzischen Bevölkerung ums Leben kamen, und sprechen von einem Völkermord; diese Beurteilung ist allerdings umstritten und lässt sich nicht durch Quellen untermauern. Unter Verwendung welcher Mittel auch immer: Nach Jahren der kriegerischen Auseinandersetzungen schließen die Pruzzen und der Ritterorden 1249 einen Friedensvertrag. Da die Landesherrscher eine aktive Einwanderungspolitik betrieben – neben zahlreichen Deutschen siedelten sich hier auch viele Polen und Litauer an –, verschwand die pruzzische Sprache langsam, die schleichende Christianisierung löste die heidnische Kultur der Pruzzen auf, die sich aber bis 1700 eine belegbare und eigenständige (wenn auch friedlichere)

Kultur erhielten. Doch die Verheerung durch die Pest Anfang des 18. Jahrhunderts schwächte die pruzzische Population so sehr, dass diese dann langsam komplett in den deutsch- und polnischstämmigen Populationen aufging. Der Name der Pruzzen wurde, nachdem Preußen 1701 von den brandenburgischen Hohenzollern übernommen worden war, allmählich zum Namen des gesamten brandenburgisch-preußischen Staatsgebildes.

höher noch ist die Wzgórza Szeskie ("Seesker Höhe"), auf ganze 309 Meter kommt der Gipfel des bewaldeten Gebiets. Die Gegend hat zahlreiche schöne Moränenlandschaften zu bieten. Heute existiert bei Gołdap zudem ein Grenzübergang zum Bezirk Kaliningrad.

▶ Der Wigry-See ist das feuchte Herz des Wigry-Nationalparks und bildet einen Teil der Suwałki-Seenplatte. Der See ist auch das Zentrum eines ausgedehnten Systems aus Wasserwegen, die von Kanufreunden gerne zur Erkundung der Region verwendet werden.

Im Süden von Gołdap findet sich die Stadt Olecko, gelegen am Ufer des Jezioro Oleckie Wielkie ("Großer Oletzkoer See"). Die Stadt wurde 1560 gegründet und hieß früher Marggrabowa (masurisch für "Markgrafenstadt"); die Stadtgründung geht auf Albrecht von Brandenburg zurück, den ersten Herrscher über das Herzogtum Preußen. Er soll zusammen mit seinem Onkel Zygmunt II. August, dem König von Polen, die gleichzeitige Gründung zweier Städte beschlossen haben; die entsprechende polnische Gründung findet sich 40 km weiter östlich: Augustów. Der Marktplatz von Olecko misst beeindruckende sieben Hektar und war früher der größte Marktplatz Deutschlands; ein Beleg für die große wirtschaftliche Bedeutung der Gegend, die lange ein polnisch-litauisch-preußisches Länderdreieck bildete. Der Stadtname hat übrigens eine eigenwillige und wechselhafte Geschichte: Als die masurische Bevölkerung sich 1920 durch einen Volksentscheid für eine Zugehörigkeit zu Ostpreußen oder Polen entscheiden sollten (es handelte sich um eine der Bestimmungen des Versailler Vertrags), wurden in der Stadt nur zwei Stimmen für Polen abgegeben – das Gesamtergebnis in Masuren war mit 97,8 % ähnlich eindeutig; allerdings befand sich Polen auch gerade im Krieg mit der Sowjetunion, was das Ergebnis stark beeinflusst haben dürfte. 1928 wurde die "treue" Stadt von der deutschen Verwaltung in "Treuburg" umbenannt. An diese Volksabstimmung erinnerte früher in der Hauptstadt der Woiwodschaft Ermland-Masuren, Olsztyn (Allenstein), früher ein Denkmal, das nach der Übernahme der Stadt durch Polen allerdings (aus naheliegenden Gründen) entfernt wurde. Das Abstimmungsergebnis wurde unterschiedlich interpretiert, auch das Vorgehen wurde kritisiert; erwähnenswert ist in diesem Zusammenhang auf jeden Fall noch der Umstand, dass Olecko immer auch stark polnisch geprägt war; so kann man hier eine stärkere Kontinuität der Stadtgeschichte spüren, als das in manchen anderen Städten der Region der Fall ist. Der heutige Name beruht auf der alten Bezeichnung des früheren preußischen Landkreises und auf das auf einer Halbinsel im See errichtete Schloss Olecko. Die Stadt hat ein reges Theaterleben und ist seit 1979 Gastgeber eines jährlichen polnischen Alternativ-

und Laientheaterfestivals („SZTAMA"), das zu einem festen Bestandteil der Stadtkultur geworden ist.

Ein ebenso fester Bestandteil ist das Sommerprogramm des Kulturzentrums der Stadt, „Ausgerechnet Olecko" – richtig, der Titel bezieht sich auf die amerikanische Fernsehserie „Ausgerechnet Alaska". „Ausgerechnet Olecko" ist eine Art Generationentreffen, bei dem versucht wird, dem Kleinstadt-Alltag etwas mehr als nur das Verstreichen der Zeit abzugewinnen.

Nun weiß natürlich jeder Bewohner Oleckos, dass schon eine einfache Wanderung in das malerische Umland aus einem sonst gewöhnlichen Tag ein Ereignis machen kann. Neben Wanderungen um den See kann man auch dem Lauf des Stadtflusses Lega folgen und sich in der Natur verlieren. Olecko eignet sich auch vorzüglich als Basis zur Erkundung der nahen Wälder und Naturschutzgebiete, die wir hier kurz vorstellen wollen:

Der Wigry-Nationalpark („Wigierski Park Narodowy") liegt im Osten Oleckos, zwischen

DES TEUFELS FORELLE

Es war einst ein Koch namens Barnaba, der mit dem Gaumen seines Kamadulenserpriors Probleme hatte – dieser kam nämlich aus Italien, und ihm schmeckten die Fische aus dem Wigry-See nicht so recht. Stattdessen träumte er von italienischen Maränen, einer Forellenart. Der treue Barnaba war so betrübt, dass er eines Tages laut aufheulte: „Ah, für so eine Maräne würde ich gar dem Teufel meine Seele verkaufen!", was der Teufel natürlich hörte, weswegen er umgehend durch das Fenster zu Barnaba sprang und ihm seine Dienste anbot. Barnaba, verschüchtert, ging auf den Handel ein, bat sich aber aus, dass der Teufel die Maräne vor Morgengrauen liefern musste – sonst behielte er, Barnaba, seine Seele. Natürlich hoffte der Koch, der Teufel würde die ungeheure Entfernung nicht so schnell zurücklegen können – aber was, wenn doch? Wie lebt es sich wohl so ohne Seele? Also erzählte Barnaba dem Prior die Geschichte. Dem aber fiel auch keine Rettung ein, doch man erwartete gemeinsam den nahenden Morgen. Mit dem Morgen aber nahte auch ein riesiges, geflügeltes Ungeheuer, mit einer fetten Maräne in den Krallen. Da wisperte etwas dem Prior ins Ohr: „Jetzt läute die Morgenglocken, und zwar richtig!", was dieser auch tat. Der Teufel nun glaubte aufgrund des Geläutes, es wäre schon Morgen, und der Handel wäre ungültig geworden. Erbost sprach er: „Gut, dann soll der Koch aber auch seine Maräne nicht haben!", und ließ den Fisch in den Wigry-See fallen. Dieser vermehrte sich dort prächtig, weswegen der gerettete Barnaba seinem nun glückseligen Prior bald schmackhafte Maränen servieren konnte.

den Städten Suwałki und Augustów, und damit streng gesehen nicht mehr in Masuren, sondern in der angrenzenden Suwalszczyzna, einem traditionell polnisch-litauisch geprägten Gebiet. Das 14.840 Hektar große Schutzgebiet wurde im Jahr 1989 eingerichtet und liegt in der Woiwodschaft Podlaskie („Podlachien"). Das Herz des Parks ist der über 2.000 Hektar große See Wigry, ein klares, blaues, wässriges Auge, das von dichten Kiefernwäldern gesäumt wird. See- und Fischadler beherrschen hier den Luftraum, Wölfe und Füchse streifen durch die Wäl-

der, Biber und Eisvögel beleben das Bild der Wasserflächen; neben dem Wigry-See gibt es noch zahlreiche kleinere, „Suchary" („Zwiebäcke") genannte Seen. Der Hauptzufluss des Wigry-Sees, der Fluss Czarna Hańcza, bietet sich ideal für Kanufahrten durch den Park an. Mehr als 750 Pflanzenarten und 1.500 Tierarten leben innerhalb des Nationalparks. Das Gebäude der Parkdirektion steht bei dem Dorf Krzywe, nahe Suwałki. Hier finden sich nicht nur ein interessantes naturwissenschaftliches Museum sowie ein ethnografisches Museum

DER WEG AUS DEM ZOO

Der Wisent, auch Bison bonasus, ist (nach der Ausrottung des Auerochsen im 17. Jahrhundert) die letzte noch existierende europäische Wildrindart. Mit bis zu 3,3 Meter Körperlänge, einer beeindruckenden Schulterlänge von bis zu 2 Metern und einem Körpergewicht von bis zu einer Tonne wirkt der bullige Wisent durchaus furchteinflößend; dabei ist er seinem Wesen nach eher scheu und vielleicht sogar feige. Der europäische Wisent – der Name beruht auf der germanische Bezeichnung für das Tier, das bereits in der Steinzeit auf Höhlenmalereien verewigt wurde – ist eng mit dem amerikanischen Bison verwandt; dessen Name geht auf die lateinische Bezeichnung zurück. Der Wisent wurde in den 1920er Jahren in freier Wildbahn ausgerottet, die letzten Exemplare wurden damals im Wald von Białowieża wohl von Wilderern erlegt. Ab 1928 begann die „Gesellschaft zur Rettung des Wisents" unter Leitung von Lutz Heck, damals Direktor des Berliner Zoos, eine europaweite Suche nach noch in Gefangenschaft lebenden Wisenten. Es wurden 57 Tiere gefunden, etwa 12 konnten im Wisentgehege Springe bei Hannover zur Zucht der neuen Wisente zusammengeführt werden. Aufgrund der schlechten Ausgangsbedingungen musste man auf amerikanische Bisonkühe zurückgreifen und durch Rückkreuzungen die „amerikanischen" Merkmale aus der Zuchtlinie verdrängen. 1956 begann man, Wisente in Białowieża, schon damals einem der letzten Urwaldgebiete Europas, auszuwildern. Inzwischen lebt dort eine stabile Population von ca. 450 Tieren, die rechtlich vollständigen Schutz genießen. Anders sieht die Situation in der Ukraine aus: Auch dort wurden Wisente ausgewildert, allerdings bietet man zahlungskräftigen „Jagdfreunden" auch Safaris mit Gelegenheit zum Töten der scheuen Riesen an.

mit historischen Landwirtschaftswerkzeugen, es gibt zudem mehrere Lehrpfade, die dem interessierten Besucher die Besonderheiten des Nationalparks näherbringen. Das Zentrum hilft auch gern mit näheren Informationen über die zahlreichen Fahrradwege durch den Park und kann auch Gästezimmer in lokalen Förstereien etc. vermitteln.

Zu den Sehenswürdigkeiten zählen neben den sanften Hügeln und den malerischen Seen auch das Kamaldulenserkloster zu Wigry, um das sich in der Gegend einige Legenden ranken; die Kamaldulenser sind ein katholischer Eremiten-Orden. Hier hat schon Papst Johannes Paul II. bei seinem Besuch 1999 übernachtet, worauf man in der Gegend stolz ist – die entsprechenden Räume sind zu besichtigen; zudem gibt es vom Uhrenturm aus einen wunderschönen Blick über den See. Nahebei findet sich auch die Anlegestelle eines Tourenschiffs. Die während des Ersten Weltkriegs angelegte Schmalspurbahn bietet die Möglichkeit, den Nationalpark ganz gemütlich zu „erfahren". Die Schmalspurbahn verkehrt zwischen dem bei Płociczno gelegenen Zentrum Hossa-Wigry und dem Dorf Krusznik. Im Zentrum Hossa-Wigry finden sich zudem ein der Schmalspurbahn gewidmetes Museum und ein Fahrradverleih.

Wer den kleinen Abstecher aus Masuren in die Nachbarregion gewagt hat, der sollte sich auch die nahen, schönen und historisch interessanten Städte Suwałki – die Heimatstadt des berühmten Filmregisseurs Andrzej Wajda – und Augustów ansehen. Zudem findet sich in derselben Woiwodschaft der Białowieża-Nationalpark, der zusammen mit dem Nationalpark

Bialowiezer Urwald in Weißrussland den letzten Tiefland-Urwald Europas darstellt; das zusammenhängende Gebiet ist eine europäische Schutzzone und ein UNESCO-Biosphärenre-

◄ Giżycko (Lötzen) liegt malerisch zwischen zwei Seen; kein Wunder, dass der Segelsport hier groß geschrieben wird. Das im Hintergrund sichtbare Hotel „Mazury" liegt direkt am Jezioro Kisajno (Kissain-See).

servat. Entlang der Flüsse Biebrza und Narew finden sich hier ausgedehnte Sumpfgebiete – mit 1.200 km² die größten Europas –, die im Jahr 1993 Teil des neu eingerichteten Nationalparks Biebrza wurden; das Gebiet bietet eine ungeheure Fülle an Vogelarten und besticht durch seine einzigartige Landschaft.

Im Osten Oleckos liegt die Puszcza Borecka, der Borkener Forst. Eigentlich handelt es sich hier um einen Urwald: In mehreren Bereichen des 150 Quadratkilometer großen Gebiets ist die Natur weitgehend sich selbst überlassen; der Mensch hat sich hier – von gelegentlichen Förstern, Forschern und Fahrradfahrern einmal abgesehen – zurückgezogen. Hier sind einsame, abenteuerliche Wanderungen möglich; auch Erhebungen gilt es zu bezwingen. Lipowa Góra („Lindenberg"), Gęsia Góra („Räuberberg") und Diabla Góra heißen die lokalen Aussichtspunkte; sie alle sind über 200 Meter

hoch. Dazwischen liegen malerische Schluchten, rauschende Flüsse und einsame Sümpfe. Biber, Dachse und Wölfe beherrschen den Wald. Inzwischen gibt es sogar wieder eine kleine, aber wachsende Wisent-Population; die Tiere wurden bereits 1956 aus dem polnischen Białowieża-Nationalpark hierher gebracht und in die freie Wildbahn entlassen. Abenteuer pur! Allerdings empfiehlt sich die Erkundung des Gebiets auf eigene Faust nicht – in den Naturreservaten existieren keine markierten Wanderwege, daher ist die Gefahr, sich zu verlaufen, durchaus gegeben. Von der Försterei Wolisko aus existiert eine geteerte Waldstraße, ideal für Fahrradfahrer geeignet; die Försterei stellt auch Karten mit möglichen kurzen Abstechern von

der Straße aus zur Verfügung. Zudem kann man sich darüber informieren lassen, von welchen Aussichtspunkten und -plattformen man am ehesten die scheuen Wisente erblickt. Von Wolisko aus kann man auch leicht die Dörfer Borki, Mazury und Szwałk erreichen. Sie alle liegen in der Nähe von klaren, wunderschönen Waldseen; hier lohnt es sich, ein Ruderboot auszuleihen und vom See aus in den Himmel zu blicken – Fischadler und die seltenen Schwarzstörche sind häufige Gäste über diesen Gewässern. Wer länger in der Gegend verweilen möchte, findet im Dorf Kruklanki, nahe Giżycko, Übernachtungsmöglichkeiten.

In Giżycko (Lötzen) gibt es nicht nur einen Bahnhof (mit Verbindungen unter anderem

▶ Die Radierung von Gottlieb Boettger trägt den Titel „Kaiser Alexander beim Einzuge in der preußischen Grenzstadt Lyck am 9. Januar 1813". Lyck (und weite Teile Preußens) waren damals noch von Napoleons Truppen besetzt. Nachdem Napoleon aus Russland abziehen musste, begann der Zusammenbruch seiner „Grande Armée".

LAND DER ERINNERUNG; LAND DER GEGENWART

Siegfried Lenz, geboren im März 1926 in Lyck (Ełk), Ostpreußen, verlässt seine Heimat im Jahr 1943 – nach dem Notabitur. Er leistet Dienst in der deutschen Marine und desertiert; auf der Flucht kommt er in Kriegsgefangenschaft. Nach dem Krieg studiert er in Hamburg; seine Heimatstadt liegt inzwischen in einem anderen Land. In der Bundesrepublik Deutschland wird er mit der „Deutschstunde" zu einem wichtigen Autor der Vergangenheitsbewältigung. Sein Erzählband „So zärtlich war Suleyken" (1955) ist eine sentimental-verschmitzte Beschreibung einer Welt jenseits der Gegenwart. Lenz beschreibt hier eine fast ungeschichtliche Vergangenheit:

„Meine Heimat lag sozusagen im Rücken der Geschichte; sie hat keine berühmten Physiker hervorgebracht, keine Rollschuhmeister oder Präsidenten; was hier vielmehr gefunden wurde, war das unscheinbare Gold der menschlichen Gesellschaft." Lenz akzeptiert das Geschehene durch die Entrückung ins Ideale, die freilich nicht frei von einer zärtlichen Nostalgie eines Vertriebenen ist.

Doch Lenz erzählt von seiner Heimat, liebt seine Heimat, und schreibt nicht über die Vertreibung. Der Legende zufolge soll Lenz die Geschichten begonnen haben, damit seine Frau sich ein Bild seiner Heimat machen konnte.

Doch auch in der gefälligen Ursprünglichkeit des beschriebenen Masurens schimmert die Geschichte durch, teilweise auch gerade durch ihre Vermeidung. Später schreibt er den Roman „Heimatmuseum" (1978); hier geht es nun direkt um Vergangenheitsbewältigung, um den Umgang mit Verlust und Gegenwart. Ein Kritiker nannte das Werk „ein leidenschaftliches Plädoyer für einen unideologischen Heimatbegriff", ein anderer schreibt: „Er begründet den Verlust, sucht in der Geschichte nach Gründen, um daraus Lehren für Gegenwart und Zukunft zu ziehen." Beide Bände eignen sich vorzüglich als Begleiter bei Besuchen in Masuren.

Ein weiterer deutschsprachiger Autor, der über diesen Themenkreis geschrieben hat, ist Arno Surminski („Die Reise nach Nikolaiken"). Ja, Surminski beschreibt ein regelrecht anti-zivilisatorisches Idyll, aber ein vergangenes. Er beschreibt das Masuren der Vertriebenen, ein untergegangenes Stück Geschichte. (Manche mögen das Eskapismus nennen wollen; es ist jedoch zumindest möglich und sicherlich interessanter, solche Beschreibungen als eine zeitgemäße Auseinandersetzung mit dem Thema zu sehen.)

nach Kruklanki), sondern auch einiges zu sehen. Möglich, dass die zu beiden Seiten der Stadt liegenden Seen, Jezioro Niegocin – der „Löwentinsee" – und der große Jezioro Mamry – der „Mauersee" –, die Hauptattraktionen des Ortes sind; aber auch die von Karl Friedrich Schinkel errichtete Stadtkirche ist einen Blick wert, ebenso wie die Festung Boyen, kurz außerhalb der Stadt in Richtung Olsztyn gele-

gen. Die im 19. Jahrhundert erbaute, beeindruckende Festung sollte die Ostgrenze des Deutschen Reichs schützen und gilt als eine der stärksten solchen Anlagen ihrer Zeit. Von 1942 bis 1945 wurde sie vom nationalsozialistischen Geheimdienst „Fremde Heere Ost" als Hauptquartier verwendet. In der Nachkriegszeit diente die „Feste Boyen" friedlichen Zwecken; ihre festen Mauern verwehrten Hühnern die Flucht und bewahrten die Geheimnisse der Käseproduktion. Mitte der 90er Jahre entschied man sich dann, die Festung zu restaurieren und Tou-

risten zugänglich zu machen; sogar eine Herberge wurde in der Anlage eingerichtet. Der heutige Name der Stadt feiert den masurischen Prediger Gustav Gisevius, der sich im 19. Jahrhundert für die Verbreitung der polnischen Sprache in Masuren einsetzte.

Im Nordwesten von Giżycko liegen der Jezioro Kisajno (Kissain-See) und das Naturreservat Fuledzki Róg („Faulhöder Spitze"). Die Hauptattraktion der Gegend ist ein umfangreiches Findlingsfeld. Graue und rosafarbene Steine bestimmen die Szenerie und erinnern an die Entstehungszeit der Moränenlandschaft. Zudem gilt es, schöne Ausblicke auf die Seen Kissain (Jezioro Kisajno) und Doben (Jezioro Dobskie) zu genießen.

Im Südosten von Giżycko liegt die Stadt Ełk (Lyck); auch hier findet sich eine Schinkel-Kirche, dazu hat die Stadt einige schöne Wohnhäuser zu bieten. Eine ihrer größten Attraktio-

nen ist aber die Lycker Schmalspurbahn, die Anfang des 20. Jahrhunderts angelegt wurde und das Umland mit der Stadt verband; heute werden „Nostalgiefahrten" angeboten. Die Bahn befährt eine 48 km lange Strecke zwischen Ełk und Turowo; Besuchergruppen können die Bahn auch „mieten", dann lässt sich unterwegs, sagen wir mal, ein Lagerfeuer mit Würstchenbrutzeln im Wald organisieren. Die Schmalspurbahn wird übrigens auch in einer Erzählung des in Ełk/ Lyck geborenen Schriftstellers Siegfried Lenz erwähnt: In „Eine Kleinbahn namens Popp" zeichnet Lenz ein sehnsüchtig verklärtes Bild einer Gesellschaft, die in ihrer Provinzialität und vorindustriellen Gegenwärtigkeit so zufrieden ist, dass sie die Kleinbahn, dieses (in der Erzählung) Zeichen der Annäherung an Amerika und damit an die Welt außerhalb Masurens, durch Missachtung, drohend geschwungene Knüppel und unzüchtige Bewegungen „ganz sacht verkümmern" ließ. Im Bahnhof von Ełk kann man vier alte Dampflokomotiven bewundern.

Ełk bietet sich auch als Ausgangs- oder Endpunkt für die Erkundung der Ełk-Seenplatte an; Paddelfreunde mögen die 50 Kilometer lange Szwałk–Wielki–Ełk-Route, die durch die naturbelassenen Weiten der Puszcza Borecka und in die Gewässer mancher wunderschöner Seen führt.

Südwestlich von Ełk liegt die Stadt Pisz malerisch am Jezioro Roś, dem Roschsee. Die Keimzelle der früher Johannisburg genannten Stadt war eine 1345 errichtete Festung des Deutschen Ritterordens. Die Stadt wurde im Laufe der wechselhaften masurischen Geschichte wiederholt zerstört, am Ende des

Zweiten Weltkriegs lag sie zu zwei Dritteln in Schutt und Asche. Dennoch kann man hier heute ein neugotisches Rathaus und eine beeindruckende Fachwerkkirche aus dem 19. Jahrhundert bewundern – eine Art Testament für die ungeheure Zähigkeit der masurischen Ortschaften. Das im Rathaus befindliche Heimatmuseum informiert über die lokale Geschichte sowie über die Puszcza Piska („Johannisburger Heide"), das mit 1.000 Quadratkilometern größte zusammenhängende Waldgebiets Masurens.

In der westlich von Pisz gelegenen Puszcza Piska laden weitläufige Kiefer- und Fichtenwälder zu langen Wanderungen ein. Da der Wald hier mit Wildbeeren und Pilzen nicht knausert, kann man, bei gegebener Naturkenntnis, einen Teil des nötigen Proviants sozusagen unterwegs „aufsammeln" und sich so einige Schlepperei ersparen. Man muss allerdings auch ein wenig darauf achten, wohin man seinen Schuh setzt: Fast zehn Prozent des Waldgebietes sind Moorlandschaft. Hier wachsen hübsch anzusehende Pflanzen – sowohl Jakobsleitern als auch verschiedene Orchideenarten kann der kundige Wanderer erspähen.

▶ Die beiden an Giżycko angrenzenden Seen, der Jezioro Kisajno (Kissain-See) und der Jezioro Niegocin (Löwentinsee), sind durch einen Kanal verbunden – ideal für Segelsportler und Ausflugsdampfer.

Bauernhof bei Gołdap

◀ **Ländlich-romantisch anmutende Holzhäuser** wie dieses prägen vielerorts noch das Erscheinungsbild Masurens, wodurch die Region oft als ein „Ort, den die Zeit vergessen hat" anmuten kann.

▼ **Das Kamedulen- oder Kamedulenserkloster Wigry.** Die Kamedulenbrüder wurden im Jahr 1667 von König Johannes Casimirus in die Gegend gerufen; in den folgenden Jahren bauten die Brüder das Kloster auf, das 1796, nach der dritten Teilung Polens, von der preußischen Regierung beschlagnahmt wurde. Die Kamedulen siedelten darauf in die Warschauer Gegend um; heute wird das Gebäude vom polnischen Kultusministerium verwaltet.

▶ **Ein Wisent** entspannt sich. Die Wisente, einst eine in Europa sehr häufig vorkommende Säugetierart, waren um 1920 beinahe ausgerottet. Dank der Bemühungen zahlreicher Tierschützer und Forscher gibt es in Polen wieder eine stabile Population.

◀ **Die masurische Seenplatte** besteht aus über 2.700 Seen, die 7 % der Fläche des Gebiets ausmachen; manche behaupten, die genaue Anzahl der existierenden Seen könnte niemals wirklich bestimmt werden. Der Wigry-See (Foto) ist das Herz des Nationalparks Wigierski Park Narodowy.

▶ **Die Kreuzritterburg in Elk (Lyck).** Lange Zeit wurden viele dieser Zeugen einer teilweise unliebsamen Vergangenheit dem Verfall preisgegeben. Die Fotografie stammt von 1998. Die Ortschaft ist als „Lucknow" in die Literatur eingezogen; hier spielt Siegfried Lenz' Roman „Heimatmuseum", der den deutschen Nationalismus zwischen Kaiserzeit und Faschismus kritisch behandelt.

▲ **Der Dachs** (Meles meles) ist einer der typischsten europäischen Waldbewohner. Durch sein eigenwilliges Aussehen wurde der Allesfresser auch zu einer beliebten Figur in Kinderbüchern und -geschichten.

▶ Die zahlreichen Wasser-
flächen und -wege geben der
Landschaft immer wieder
einen besonderen Zauber.

Schlittenfahrt in Masuren

◄ **Auch im Winter** lohnt sich ein Besuch in Masuren. Der Schnee verwandelt die Landschaft fast komplett.

Ein Bauernhof in Masuren. Ein großer Teil der Fläche der Region wird für die Landwirtschaft genutzt.

LANDLEBEN IN MASUREN

Arbeiten wie früher

Kinder bestaunen einen Storch

Endlose Felder

Landwirtschaft in Masuren

Mühevolle Handarbeit

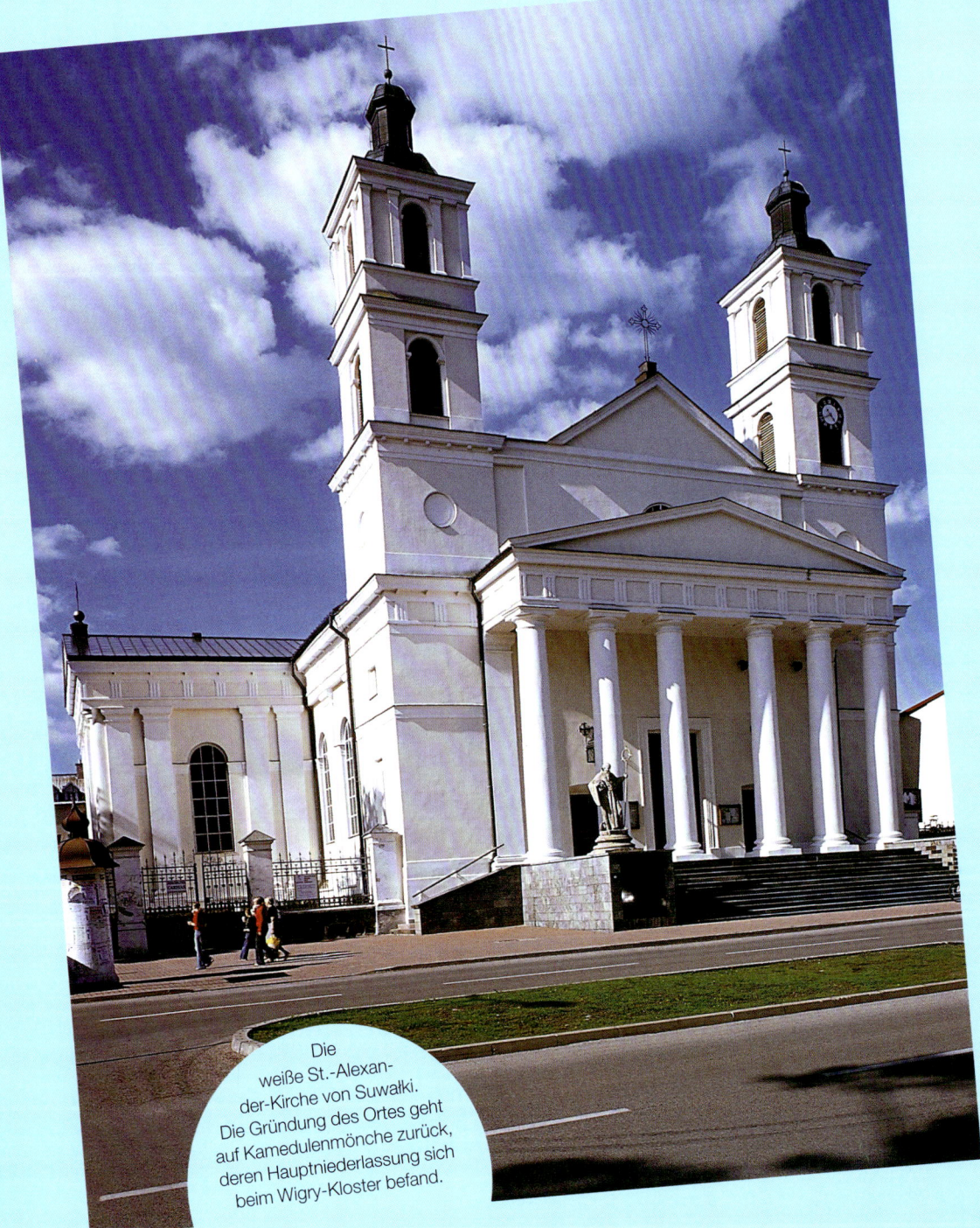

Die weiße St.-Alexander-Kirche von Suwałki. Die Gründung des Ortes geht auf Kamedulenmönche zurück, deren Hauptniederlassung sich beim Wigry-Kloster befand.

Kommunion in einer Kirche in Masuren. Die katholischen Traditionen werden von der lokalen Bevölkerung hochgehalten.

RELIGIÖSE TRADIONEN WERDEN IN MASUREN GEPFLEGT

▲ **Auch Pilze** finden sich in den masurischen Wäldern; doch, wie überall auf der Welt, sollte man beim Sammeln der oft schmackhaften Eukaryoten größte Vorsicht walten lassen. Einige Pilzarten sind giftig, einige wenige können sogar eine lebensgefährliche Vergiftung hervorrufen.

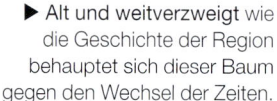

▶ **Alt und weitverzweigt** wie die Geschichte der Region behauptet sich dieser Baum gegen den Wechsel der Zeiten.

Kreuz am Wegesrand

Idyllischer Sonnenuntergang

◀ **Der Herbst** überrascht durch seine
Farben und eignet sich besonders für
lange Spaziergänge durch die Wälder
und Felder Masurens.

Die Orchideengewächse sind eine wahrhaft internationale Pflanzenfamilie; auch in Masuren finden sich zahlreiche hübsche Exemplare. Da heute die meisten als Zierpflanzen angebotenen Orchideen aus Hybrid-Züchtungen stammen, ist der Anblick einer wilden Orchidee trotz der weiten Verbreitung dieser Pflanzen für Städter etwas Besonderes.

Die Jakobsleiter, auch Himmelsleiter oder Sperrkraut genannt, gehört zur Familie der Polemoniaceae und ist in Eurasien weit verbreitet.

VIELFÄLTIGE PFLANZENWELT

◀ In den Wäldern
Masurens trifft man
auf viele hübsch anzu-
sehende Beerenarten;
mit etwas Glück findet
man sogar eine
schmackhafte zur
Ergänzung des Reise-
proviants.

Der fleißige Biber

Wolf-Populationen leben auch in Masuren

◄ **Die Fischadler** sind auf der ganzen Welt zu Hause. Da sie Regionen mit einem reichen Angebot an Fischen bevorzugen, ist die masurische Seenplatte natürlich ein ideales Jagdgebiet für diese majestätischen Raubvögel.

▼ **Die Kirche von Białystok,** der Hauptstadt der an Masuren grenzenden Woiwodschaft Podlachien, ist aufgrund ihrer reichen Ausstattung sehenswert. Von hier aus kann der Białowieża-Naturpark leicht erreicht werden.

◄ Auch wenn das **Wetter** mal nicht so gut ist, ergeben sich oft schöne Momente, hier ein Regenbogen vor einer Schlecht- wetterfront.

▼ Oft gar nicht so kleine Kleinode, eingefasst in das üppige Grün der masurischen Wälder – so stellen sich die masurischen Seen dar. Eine Bootsfahrt zur Mitte eines Sees ist ein Abstecher in eine Welt der Entspannung.

Land der tausend Seen

Im Norden der Puszcza Piska liegt der größte See Polens, der Jezioro Śniardwy („Spirdingsee"), auch das „masurische Meer" genannt. Das glitzernde Juwel der Masuren bringt es auf eine Fläche von 114 km², bleibt mit einer maximalen Tiefe von 23,4 Metern allerdings verhältnismäßig flach – gut für Badefreunde: Dadurch erwärmt sich der See im Sommer schneller.

Die masurische Seenplatte hat der Region den Beinamen „Land der 1.000 Seen" gegeben; tatsächlich gibt es über 2.500 Seen mit einer Fläche von mehr als einem Hektar. Die kleinen Seen, so heißt es, hat noch niemand zuverlässig gezählt. Neben dem Jezioro Śniardwy ist der Jezioro Mamry („Mauersee") der größte der zahlreichen Seen; die Moränenlandschaft um die Seen herum bietet malerische Landschaften und oft elegant geschwungene Küstenlinien – ein Paradies für Angler, Segler und Freunde gemütlicher Schiffsrundfahrten. Da die meisten Seen recht flach sind, erwärmen sie sich im Sommer schnell, und dem Badespaß steht nichts mehr im Wege. Die tiefsten Seen der Masuren sind der Wuksniki-See (68 Meter), der Babięty-Wielkie-See (65 Meter) und der Piłakno-See (56 Meter). Zahlreiche der Seen sind durch natürliche Flüsse oder vom Menschen angelegte Kanäle und Schleusen verbunden, so dass man Masuren gut auf dem Wasserweg erschließen kann. Die Idee der künstlichen Verbindung der bestehenden Wasserwege ist übrigens alt: Schon Winrich von Kniprode, seines Zeichen Hochmeister des Deutschen Ritterordens, fand es eher ärgerlich, dass man sein Boot von See zu See tragen musste. Sein Vorschlag, doch lieber Kanäle zu stechen, statt Schiffe über Land zu befördern,

wurde allerdings erst im 19. Jahrhundert verwirklicht – die masurischen Mühlen, so sagt man, mahlen langsam, aber gründlich. Fischer können sich bei ihren Jagdausflügen auf die masurischen Seen auf vielfältige Beute freuen: Zander, Stinte, Barsche, Aale – sie alle tummeln sich in den lokalen Gewässern. Aufgrund der

◀ Baden und Segeln gehören zu den Lieblingsbeschäftigungen der Besucher des Jezioro Śniardwy (Spirding-See). Der See erwärmt sich durch seine geringe Tiefe schnell, so dass die Wassertemperaturen oft schon im Frühjahr angenehm sind.

relativ dünnen menschlichen Besiedelung leben hier auch viele Wasservogelarten in oft großen Populationen. So kann man an den Ufern der masurischen Seen Kormorane, Wildenten, Haubentaucher und Höckerschwäne in einer wunderschönen, natürlichen Umgebung beobachten.

Von See zu See

Der Śniardwy-See ist über einen Kanal mit dem Jezioro Roś, dem „Stadtsee" von Pisz, verbunden. Der See weist zudem mehrere Inseln auf; hier wurden verschiedene Zeugen vorgeschichtlicher Besiedelung gefunden. Legenden zufolge soll sich auf der Czarny

▶ Die zahlreichen **Wasserwege** der masurischen Seenplatte verbinden viele der Seen miteinander und eignen sich ideal für die sportliche Erkundung der Gegend.

Ostrów, der „Teufelsinsel", ein – heidnisches – Heiligtum der Pruzzen befunden haben. Böse Geister sollen hier umgehen, eine Folge der, wie man sagt, Menschenopferung, die auf der Insel den unchristlichen Göttern gebracht worden seien. Wie dem auch sei, meistens braucht man auf dem Śniardwy keine Angst vor übellaunigen Geistern zu haben; Wassersportler sollten sich aber vor oft dicht unter der Wasseroberfläche befindlichen Gesteinsformationen hüten.

Im Westen ist der Śniardwy mit dem Jezioro Mikołajskie verbunden, an dessen nordwestlicher Spitze der Ferienort Mikołajki (früher Nikolaiken) liegt. Hier werden Schifffahrten über die Seen angeboten, zudem locken zahlreiche Restaurants, Bars, Diskotheken und Hotels die Besucher zum Einkehren und/oder Verweilen. Als ob das noch nicht genug wäre: Auf der anderen Seite des Ortes ist gleich noch ein weiterer See zu sehen, der Jezioro Tałty („Talter Gewässer"). Das Wappen der Stadt zeigt einen freundlichen Fisch mit einer goldenen Krone – den Stinthengst oder „Rybi Król". Es handelt sich um den König der Fische oder, genauer gesagt, der in den masurischen Gewässern häufigen Stinte. Dieser Herrscher der Seen soll lange Zeit der Schrecken der Fischer des Ortes gewesen sein: Mächtig, wie er war, konnte er deren Boote zum Kentern bringen, und auch so manches zerrissene Netz ging auf sein Konto. Doch mit der Zeit verbesserte der Mensch seine Boote und Netze, und nun ging der siegessichere Stinthengst ins Menschennetz und konnte es zu seinem unablässigen Staunen nicht mehr zerreißen. Um sein hochwohlgeborenes Leben bangend, versprach der gekrönte Fisch, dass die Fischer immer reiche Beute haben sollten – nur er selbst, das bat er sich aus, wollte nicht in den Kochtopf kommen. Die Fischer ließen den Stintkönig am Leben, ketteten ihn aber an den Pfeiler der Brücke, unter der sich die Wasser des Mikołajskie mit denen des Tałty mischen. Dort schwimmt der Stinthengst, inzwischen zu Plastik geworden, noch immer. Die Brücke ist allerdings nicht mehr original; sie wurde im Zweiten Weltkrieg zerstört und später wiederaufgebaut. Fische aber gibt es hier immer noch reichlich; der Stint schmeckt gebacken, geräuchert oder auch sauer eingelegt. Dazu Bratkartoffeln oder Kartoffelsalat, und die Delikatesse ist perfekt.

Wem gerade nicht nach essen zumute ist: Ein Spaziergang durch Mikołajki lohnt sich. Es handelt sich um eine der wenigen ostpreußischen Städte, die den Krieg halbwegs unbeschadet überstanden haben; allerdings wurde das Stadtbild in jüngerer Zeit durch zahlreiche Bauvorhaben stark verändert. Die Kirche zur Heiligen Dreifaltigkeit lohnt einen Besuch; es handelt sich um eine der nicht mehr so zahlrei-

chen evangelischen Kirchen der Gegend. Wer im Winter zu Besuch kommt, kann von Mikołajki aus auch das Eissegeln betreiben – eine Sportart, die sich in den letzten Jahren immer größerer Beliebtheit erfreut. Natürlich sind auch Kurse für Anfänger im Angebot. Etwas östlich von Mikołajki befindet sich der Jezioro Łuknajno (Luknainer See); hier wurde ein Reservat für Höckerschwäne eingerichtet – direkt unter das Federvieh mischen darf man sich zwar nicht, aber mit einem Feldstecher kann man sich hier gern mal in der Beobachtung des Brutverhaltens des für Mitteleuropa so typischen Wasservogels üben.

Im Süden von Mikołajki erstreckt sich ein weiteres Naturschutzgebiet, der Masurische Naturpark („Mazurski Park Krajobrazowy"). Das

DAS KREUZ MIT DEN REFORMEN

Im 17. Jahrhundert bewegt sich etwas in der russischen Kirche: Der Patriarch Nikon hat sich einige griechische Quellen durchgelesen und möchte nun etwas an den althergebrachten Glaubensriten verändern. Dabei geht es beispielsweise darum, wie oft man beim Gottesdienst „Halleluja" zu sagen hat, mit wie vielen Fingern man sich bekreuzigt oder wie genau man denn nun den Namen „Jesus" schreibt. Nicht alle russischen Gläubigen wollen sich der gelehrten Meinung des Patriarchen beugen; diese Raskolniki („Abtrünnige") halten an den alten Riten fest. Nun handelt es sich dabei aber nun einmal um eine Staatsreligion, und der Zar macht mit dem Patriarchen gemeinsame Sache. Ein Ausscheren wird nicht geduldet. Die Raskolniki, auch Altgläubige oder Philipponen genannt, werden verfolgt. Der Protopope Awwakum Petrow, eine der leitenden Figuren der Altgläubigen und aufgrund seiner gewandt geschriebenen Autobiografie ein bedeutender Vertreter der altrussischen Literatur, wurde 1682 auf dem Scheiterhaufen verbrannt. Die Altgläubigen fliehen nun in die Welt hinaus; unter anderem lassen sie sich in Polen, in dem Gebiet um Augustów, nieder. Auch der Preußenkönig Friedrich Wilhelm III. hat ein offenes Ohr für die Hilfesuchenden und erlaubt ihnen die Ansiedelung in Masuren – einem ohnehin unterbevölkerten Gebiet. Zentrum der Altgläubigen Welt in Masuren wurde das Dorf Wojnowo. Hier unterließ man das Rauchen und Trinken und taufte die Kinder im Wasser des Kruttina-Flusses. Den Bannfluch gegen die Altgläubigen hob die russisch-orthodoxe Kirche im Jahr 1971 auf.

Schutzgebiet wurde im Jahr 1977 eingerichtet. Wer will, kann hier das Gut Popielno besuchen; es handelt sich dabei um ein zoologisches Forschungszentrum, an dem u. a. versucht wird, aus Tarpanpferden – einer Wildpferdeart – eine neue Gattung Nutzpferde zu schaffen. Zudem ist man mit Rückzüchtungsversuchen beschäftigt und hilft auch der lokalen Biberpopulation ein wenig auf die Sprünge.

▶ Das Foto aus dem Jahr 1930 wurde von Paul W. John aufgenommen und zeigt die Nikolaiken-Brücke; unter der Brücke mischen sich nach lokaler Ansicht die Wasser der zwei angrenzenden Seen.

In dem Dorf Wojnowo (früher Eckertsdorf), nordöstlich des Jezioro Duś („Drusensee") und südwestlich von Mikołajki, findet sich eine sehenswerte, ca. 1840 erbaute russisch-orthodoxe Kirche. Wojnowo war einer der Siedlungsorte der aus Russland geflohenen Altgläubigen oder Philipponen, die im damals religiös-liberalen Preußen eine neue Heimat gefunden hatten. In Wojnowo existiert auch ein sehenswertes Kloster; auf dem kleinen Friedhof ist das typische, dreifach gestrichene Kreuz zu sehen.

Etwas weiter östlich findet sich der Nidzkie-See, ein malerisches, wie eine Mondsichel geschwungenes Gewässer, das den Status eines Naturreservats genießt; wer gerne Ruderfahrten unternimmt, kann den See auch über die „Wasserroute" von Pisz aus erreichen. Hier, im alten Forsthaus Leśniczówka Pranie (Karwica), findet sich ein dem bedeutenden polnischen Poeten Konstanty Ildefons Gałczyński (1905–1953) gewidmetes Museum; Gałczyński zog sich gern an diesen Ort zum Schreiben zurück, und im Sommer werden hier Lesungen abgehalten. Das 1980 eingerichtete Museum stellt zudem einige Memorabilia aus dem Leben des Schriftstellers aus.

Im zwischen den Seen Bełdany (Beldahnsee) und Nidzkie (Niedersee) gelegene Ferienort Ruciane-Nida (Rudschanny-Nida) wird von vielen Ruderfreunden als Start- oder Endpunkt einer Ruderfahrt entlang dem schönen Fluss Krutynia (Kruttina) verwendet; der Ort verfügt über alles Nötige, um den auf wässrige und gemütliche Abenteuer versessenen Masurenbesucher zufriedenzustellen; besonders hervorzuheben sind die Stakboote, die man hier für kurze Abstecher in die kristallklare Flusslandschaft mieten kann. Zudem zählen die beiden nahen Seen zu den schönsten der Masuren; der Niedersee eignet sich besonders für abenteuerliche Besucher: Er weist viele kleine, bewaldete Inseln auf, und durch das Schattenspiel der sich im Wind wiegenden Baumkronen wechselt die Farbe des Sees je nach Lichteinfall dramatisch. Zudem kann man hier oft Kormorane und Störche beobachten.

Auch am Krutynia-Fluss liegt der Ferienort Krutyń (Krutinnen), ein weiterer idealer Ausgangspunkt für kürzere Paddelfahrten – die Landschaft ist hier ungezähmt und urwüchsig, die Natur herrscht fast uneingeschränkt, weswegen man unbedingt an lange Ärmel und

Insektenschutzmittel denken sollte. In der Nähe befinden sich auch einige kleine Dörfer, die scheinbar von der Zeit vergessen wurden; im nahen Forsthaus Piersławek bei Piecki (Peitschendorf) wurde der Schriftsteller und Kritiker des Faschismus, Ernst Wiechert (siehe Kasten S. 56), geboren; im Dorf selbst wird er durch eine Gedenktafel geehrt.

Noch ein kurzes Wort zur Krutynia: Die beliebte Ruderstrecke zieht sich von Ruciane-Nida im Südosten bis nach Sorkwity (Sorquitten) im Nordwesten der Strecke, nahe der Stadt Mrągowo (Sensburg). Die Strecke ist über 100 Kilometer lang und führt durch ganze 18 Seen. Mit prächtigen Blumen geschmückte Märchenlandschaften, Konzerte zwitschernder Vögel, zum erholsamen Verweilen einladende

Inselchen und das sanfte Hintreiben auf dem meist seelenruhigen Fluss sind die reiche Belohnung für die kleine Anstrengung des Paddelns – nun gut, wer die gesamte Strecke ohne große Anstrengungen durchrudern möchte, der sollte schon mal zwei Wochen einplanen und sich darauf vorbereiten (oder freuen), den Kontakt zur „Außenwelt" fast komplett zu verlieren. Entlang des Flusses gibt es zahlreiche Übernachtungsmöglichkeiten; allerdings ist die Strecke inzwischen so beliebt und bekannt, dass es sich empfiehlt, frühzeitig zu buchen.

Da wir uns nun schon um die hundert Kilometer nach Norden bewegt haben, wollen wir uns kurz nach Mrągowo, das frühere Sensburg, begeben. Die Stadt gibt der Pojezierze Mrągowskie, der „Sensburger Seenplatte", die

MEISTER WOJTEK

Die Familie der Weißstörche ist in Masuren zahlreich vertreten. In den Sommermonaten kann man die klappernden Federtiere durch die Lüfte streifen sehen oder beobachten, wie sie durch Wiesen- und Sumpfgebiete stolzieren, immer auf der Suche nach etwas Fressbarem. Denn im Sommer kommen in Masuren ganze Scharen an kleinen Störchen zur Welt – und diese müssen für den anstrengenden Flug nach Afrika im Herbst aufgepäppelt werden. Die masurischen Störche gehören übrigens zu den sogenannten „Oststörchen" – ist ja klar. Der Name leitet sich von der Reiseroute nach Afrika ab: Von Polen und ganz Osteuropa aus ziehen die Störche über den Bosporus und Sinai nach Afrika, während ihre Brüder und Schwestern im Westen zumeist über Gibraltar fliegen – da die Störche Segelflieger sind, können sie weite Wassermassen nicht überqueren; dort fehlt ihnen die nötige Thermik. Die „Weststörche" überwintern in den letzten Jahren übrigens in immer größerer Zahl in Spanien oder Portugal. Nicht nur ist das Klima gut genug, die großen Anbauflächen und auch der oft offen herumliegende Müll stellen auch ein annehmbares Futterangebot dar. Derzeit gilt aber Polen als das „Land der Störche"; etwa ein Viertel aller weltweit vorkommenden Störche brütet hier – und besonders in Masuren fühlt sich „Wojtek" („Adalbert") wohl. Wer viel Glück hat, kann in Masuren auch einen der scheuen Schwarzstörche beobachten. Diese dunkel gefiederten Tiere bevorzugen abgelegene Waldgebiete und gehen dem Menschen im Allgemeinen aus dem Weg. Anders als der Weißstorch ist der Schwarzstorch übrigens stimmbegabt und kombiniert sein expressives Storchenklappern mit verschiedenen Lautäußerungen.

der Fluss Krutynia durchzieht, ihren Namen. Auch hier war die Keimzelle der Stadt eine – hölzerne und inzwischen vernichtete – Burg des Deutschen Ordens; nach einer Theorie leitet sich der alte deutsche Namen von der Bezeichnung „Segensburg" ab. Der heutige Name der Stadt bezieht sich auf den Sprachwissenschaftler und Philosophen Christoph Cölestin Mrongovius (1764–1855), der als einer der herausragenden Kenner und Förderer der slawischen Kultur seiner Zeit gilt; zudem verfasste er deutsch-polnische Wörterbücher, unterrichtete in Ostpreußen Gymnasialschüler in der polnischen Sprache und setzte sich für Gottesdienste in polnischer Sprache ein. Die Altstadt von Mrągowo ist gut erhalten und lohnt einen Spaziergang; zudem laden ein paar hübsche Kirchen und ein Bismarckturm zur Besichtigung ein. Weiter gibt es ein kleines Heimatmuseum, das auch eine Ausstellung über den deutschsprachigen Schriftsteller Ernst Wiechert anbietet. Mrągowo ist außerdem als ein Zentrum der polnischen Country-Musik bekannt – wirklich! Ende Juli finden hier jährlich die „Mrągowo Country-Picknicks" statt. Country-Fans aus ganz Europa erfreuen sich an der entspannten Atmosphäre der Stadt und lauschen nationalen und internationalen Country-Acts in einer angemessenen Landschaft.

Das Stadtwappen von Mrągowo zeigt eine abgeschnittene Bärentatze auf weißem Grund; der Legende nach soll im 15. Jahrhundert ein besonders starker und kluger Bär die lokalen Bauern in Angst und Schrecken versetzt haben

EIN RECHTSCHAFFENDER MENSCH

Der Schriftsteller Ernst Wiechert wurde im Jahr 1887 als Sohn eines Försters nahe der Kleinstadt Piecki (früher „Peitschendorf") in Masuren geboren. Im Jahr 1932, Wiechert wohnte inzwischen in Berlin, wurde er durch den Roman „Die Magd des Jürgen Doskocil" berühmt, er wird zu einem der meistgelesenen Autoren der frühen 30er Jahre. Nach der Machtergreifung durch die Nationalsozialisten empfiehlt der christlich geprägte Autor und Denker seinen Zuhörern und Lesern weiterhin eine kritische Haltung der nationalsozialistischen Ideologie gegenüber, was später als Aufruf zur „Inneren Emigration" verstanden wurde – das stumme Verbleiben im NS-Staat, ohne sich aufzulehnen, aber mit Ablehnung im Herzen; Wiechert lehnt die Teilnahme an der Volksabstimmung über den Anschluss Österreichs ab und setzt sich für die Freilassung des Pfarrers Martin Niemöller, der vom Unterstützer des NS-Programms zum Widerstandskämpfer und schließlich zum Opfer des Regimes wurde, ein. Das bringt ihn ins KZ Buchenwald. Wiechert wird nach vier Monaten entlassen; darauf soll Goebbels ihm gedroht haben, dass er, sollte es ein nächstes Mal geben, nicht überleben würde. Wiechert schreibt einen Roman über seine Erlebnisse und vergräbt ihn in seinem Garten; „Der Totenwald" erscheint 1945, nach dem Untergang der nationalsozialistischen Herrschaft. In Piecki erinnert eine Gedenktafel an den 1950 verstorbenen Schriftsteller. Auf der Tafel steht: „Ein rechtschaffener Mensch, Antifaschist und Häftling in Buchenwald".

– ohne Unterlass riss das Tier Vieh oder stahl Honig und kam auch, sich frech seiner Macht bewusst, zuweilen direkt in die Ansiedlung hinein. Es wurde so schlimm, dass die Bürger nicht einmal mehr die Steuern zahlen konnten. Aber als Mrągowo das Stadtrecht bekam, wurde auch ein Wachmann mit Schusswaffe eingestellt; jetzt glaubte man sich sicher. Der schlaue Wachmann wollte nun den Bären betäuben, indem man ihm mit Alkohol vermischten Honig als Beute anbot, und ihn dann aus sicherer Entfernung erschießen. Allerdings genossen der Wachmann und seine Helfer auf dem Weg in den Wald den Honig selbst; man fand sie am nächsten Tag mit einem Bärenkater vor – weswegen diese potente Mischung in Mrągowo noch heute „Bärenschnaps" genannt wird. Nun rief man die Armee dazu. Diese jagte los, konnte das Tier aber nicht erlegen. Allerdings wurde der Bär an der Tatze verwundet. Der Bär floh und wurde später nahe einer anderen Stadt erlegt; um dem Bürgermeister von Mrągowo, der eine Belohnung ausgeschrieben hatte, die Identität des erlegten Tiers zu beweisen, schnitt man die durchlöcherte Tatze ab und schickte sie nach Mrągowo, wo sie am Bürgermeisterhaus aufgehängt wurde – und schließlich in das Stadtwappen einging.

Freunde der Lokalgeschichte kommen etwas nordöstlich von Mrągowo, in dem Dorf Sądry bei Ryn („Rhein"), auf ihre Kosten. Hier existiert ein kleines Privatmuseum, das eine Sammlung der für masurische Bauern lange Zeit bestimmenden Haushaltsgeräte und Möbel zeigt; auch Landwirtschaftsgeräte und Ähnliches werden ausgestellt. Übrigens heißt es, dass früher Särge eine oft gehortete Kommodität

waren; bei guter Ernte sollen die eingelagerten „guten Stücke" auch mal als Aufnahmebehälter für landwirtschaftliche Produkte benutzt worden sein.

Nun wollen wir uns noch weiter in den Norden begeben. Die Reise führt nach Kętrzyn, ins frühere Rastenburg. Hier bestand bereits vor der Christianisierung eine hölzerne Pruzzen-Festung, die im 14. Jahrhundert vom Deutschen Orden übernommen wurde; man nimmt an, dass sich der deutsche Name von dem älteren pruzzischen Namen, Rastekaym, ableitet. Der neue Name bezieht sich auf Wojciech Kętrzynski (1838-1918), einen polnisch-nationalistischen Historiker, den die Stadt inzwischen u. a. mit einem Museum ehrt.

Der Fluss Krutynia

Die Festung wurde während der Auseinandersetzungen mit den Litauern mehrmals beschädigt und zuweilen ganz zerstört; diese Ereignisse sind über die Reimchronik des Wigand von Marburg, eines Herolds des Deutschen Ordens, überliefert. Aufgrund der guten Lage wurde die Burg allerdings immer wieder durch den Deutschen Orden restauriert bzw. neu aufgebaut. 1440 trat Rastenburg dann dem Preußischen Bund bei; dieser Bund wollte die Interessen der Städte gegen den Deutschen Orden verteidigen, was aufgrund der bedeutenden Ordensfestung in der Stadt zu ungewöhnlich heftigen Reibungen führte. Im Ort sind mehrere Kirchen – besonders die im Altstadtkern gelegene St. Katharina mit ihrem prächtig ausgemalten Sternengewölbe und die Wehrkirche St. George, die einen Teil der Stadtbefestigung bildete – sehenswert. Um Kętrzyn herum liegen weite, landwirtschaftlich genutzte und sehr

▶ Die Stadt Mrągowo liegt in der Nähe des nördlichen Endpunkts der beliebten Ruderstrecke auf dem Krutynia-Fluss. Diese historische Aufnahme stammt aus der Zeit vor dem II. Weltkrieg, als der Ort noch Sensburg hieß.

fruchtbare Flächen, die einst den Reichtum der Stadt begründeten; zudem findet sich hier im nahen Wald von Gierłoż (Görlitz) die Ruine des nationalsozialistischen Führerhauptquartiers, doch davon im nächsten Kapitel mehr.

Im Nordosten von Kętrzyn und südwestlich von Giżycko findet sich der Jezioro Mamry oder Mauersee; eigentlich müsste man hier sogar von der „Mauerseenplatte" sprechen, denn er setzt sich aus sechs verschiedenen Seebecken zusammen: dem eigentlichen Mamry-See im Norden, auch Mamry Północne oder nördlicher Mauersee genannt, und den Unterseen Święcajty (Schwenzait-See), Dargin (Dargainen-See), Łabap (Labab-See), Dobskie (Doben-See) und Kisajno (Kissain-See). Es versteht sich, dass sich hier zahlreiche Möglichkeiten für den Wassersport bieten; zudem sind

einige der über dreißig Inseln der Mauersee-Platte als Vogelschutzgebiete ausgewiesen, weswegen Ornithologen in der Gegend auch gerne Kongresse abhalten; besonders der Jezioro Dobskie im westlichen Teil des Systems hat bei Vogelkundlern einen legendären Ruf: Hier findet sich die Insel Wysoki Ostrów, auch Kormoran-Insel genannt, die gleichwohl sowohl von Kormoranen als auch von Silberreihern in friedlicher Koexistenz bewohnt wird. Der Mauersee bringt es auf eine Fläche von 103 Quadratkilometern und eine maximale Tiefe von 44 Metern.

Eine Beschreibung des Sees aus einem im Jahr 1932 von G. Hermann in der Zeitschrift „Durch alle Welt" veröffentlichten Artikel vermittelt einen guten Eindruck der Landschaft: „Von Angerburg bringt uns der Dampfer durch das kristallklare Wasser der Angerapp hinaus auf die weite Fläche des Mauersees, des nördlichen der drei großen masurischen Seen, nach Lötzen, auf dem Isthmus zwischen Mauersee und Löwentinsee gelegen. Hier beginnt die herrliche Dampferfahrt über den Löwentinsee und die gewundene Seerinne, die sich als Beldahnsee (...) fortsetzt und sich dann in starker Windung als Niedersee nach der Gegend von Johannisburg hin erstreckt. Es ist das Schönste, was Masuren bietet. See reiht sich an See. Wir sind mitten im Land der tausend Seen, die bald als ununterbrochene weite Wasserfläche, bald als Rinnensee, das sind langgestreckte, schmale Seen, die fast immer gleich breit, wie ein Fluß oftmals gewunden, die Landschaft durchziehen."

Natürlich hat die Gegend auch sonst einiges zu bieten. Die Stadt Węgorzewo, früher Angerburg, wird zuweilen auch als das „Tor zu Masuren" bezeichnet; Segler können sich von hier aus auf die Fahrt nach Ruciane-Nida oder Pisz aufbrechen, und im Winter steht alles für das beliebte Eissegeln bereit. Auch existiert schon seit 1856 eine Dampfschiffverbindung zwischen Węgorzewo und der Stadt Giżycko am südlichen Ende der Mauersee-Platte; kein Wunder also, dass sich der Ort schnell zu einem touristischen Zentrum entwickelt hat. Auch Angler finden hier alles, was ihr Herz begehrt – immerhin bezieht sich der neue Name der Stadt auf das polnische Wort für Aale, Węgorz. Und richtig, die Stadt hatte früher einen bedeutenden Aalhandel und große Aalvorkommen zu bieten. In Węgorzewo wurde übrigens schon im 14. Jahrhundert eine feste Burg aus Stein errichtet. Die Ordensburg wurde zwar im Zweiten Weltkrieg zerstört, inzwischen aber wieder hergerichtet und zur Bibliothek umfunktioniert. Leider sind nur wenige Originalgebäude erhalten – obwohl die Stadt beim Einmarsch der Roten Armee bereits aufgegeben und so gut wie vollständig evakuiert war, wurde sie vor der Übergabe an die polnische Armee weitgehend niedergebrannt. In der nahen Peter-und-Paul-Kirche finden sich ein kleines Heimatmuseum und eine sehr hübsche Orgel.

Das Kreuzritterschloss von Węgorzewo sieht dagegen weniger beeindruckend aus: Es handelt sich bei dem nur teilweise restaurierten Gebäude inzwischen um ein eher schlichtes Gemäuer. Dennoch dürfte es so manchen Adepten der okkulten Künste anziehen, denn in der Stadt sagt man, es spuke dort. Vor langer Zeit, so erzählt man sich, hat hier ein Kreuzritter

seine Ordensgelübde aus Liebe zu einem schönen Mädchen aus Węgorzewo gebrochen. Seine früheren Ordensbrüder waren weder belustigt noch gerührt über diesen ungebührenden Ausdruck romantischer Gefühle und mauerten den Abtrünnigen samt Geliebter in die Kapelle beim „polnischen Tor" ein. Das Geisterpaar soll bei Vollmond um Mitternacht durch die Schlosszimmer streifen – aber keine Angst, verliebte Geister sind friedliche Geister. Um 1900 war die Stadt außerdem weithin für die Wohltätigkeitsanstalt „Bethesda" bekannt; diese wurde am 1. Oktober 1880 von

▶ Kętrzyn (Rastenburg) wird von der St.-Georgs-Kirche dominiert. Da Kętrzyn immer wieder überfallen wurde, war es nur logisch, starke Befestigungen zu bauen; die Kirche war Teil dieser historischen Befestigungsanlagen und wurde deswegen auch als „Wehrkirche" angesehen. Die Aufnahme von Paul W. John datiert auf um 1935.

der Gräfin Anna Lehndorff eingerichtet. Hier fanden hilfesuchende oder sozial schwache Menschen, Behinderte und Waisen ein neues Zuhause; das Prinzip der Einrichtung sah eine unentgeltliche Aufnahme ohne Rücksicht auf die Konfessionszugehörigkeit vor, damals nicht unbedingt eine Selbstverständlichkeit.

Interessant ist auch ein Besuch im nahen Schloss der Grafen von Lehndorff. Es befindet sich malerisch gelegen auf einer Halbinsel zwischen dem Mamry- und dem Dargin-See bei Sztynort Duży („Steinort"). Im Schlossgarten befinden sich etwa 160 ansehnliche Eichen, die bis zu 400 Jahre alt sind, und der Ort macht seinem alten Beinamen, „die große Wildnis am See", alle Ehre. Die Eiche war übrigens nicht nur den „Germanen" lieb und heilig – auch bei den Pruzzen galt der kräftige Baum als Zeichen für Kraft und Unabhängigkeit. Marion Gräfin Dönhoff, die später in Westdeutschland die Deutsche Gesellschaft für Auswärtige Politik gründen wird und als eine der wichtigsten Jour-

nalistinnen ihrer Zeit in die Geschichte eingeht, führt 1941 ein Tagebuch über ihre Fahrt durch Masuren. Sie veröffentlicht es später in Westdeutschland unter dem Titel „Namen, die keiner mehr nennt. Ostpreußen – Menschen und Geschichte", oft auch einfach „Ritt durch Masuren" genannt; hier ein kurzes Zitat, das sowohl das damalige einfache Masuren als auch die Haltung der, nun, landläufigeren Bevölkerungsschichten widerspiegeln mag: „28. September 1941: Wieder ist der Himmel blau, aber heute ist alles weiß bereift. Nachts waren 4 Grad Kälte. Der Forstmeister begleitet uns auf einem dicken schwarzen Ross noch ein Stück des Weges, fast ausschließlich mäßiger Bestand, landschaftlich aber sehr schön.

EIN PREUSSE FÜR POLEN

Der 1838 in Lötzen/Giżycko als Sohn eines preußischen Gendarmen geborene Adalbert von Winkler studierte an der Albertina-Universität in Königsberg, wo ihn die Geschichte und die Kultur Polens faszinierte. Im Jahr 1861 besann er sich seiner kaschubisch-polnischen Wurzeln; sein Vater soll einer Adelsfamilie aus dem Gebiet um Danzig angehört haben, dem angestammten Siedlungsgebiet der Kaschuben. Von Winklers Mutter war Deutsche. Aus Adalbert von Winkler wird Wojciech Kętrzyński; den slawischen Nachnamen übernahm er von seinem Großvater, der deutsche Name seines Vaters ist die direkte deutsche Übersetzung dieses Namens. Er setzt sich nun aktiv für den Erhalt der polnischen Kultur und die Verbreitung der polnischen Sprache in Masuren ein; seine Schrift „O Mazurach" gilt als eine der grundlegenden Schriften der polnischen Masurenforschung und löst eine heftige Diskussion über die nationale und völkische Zugehörigkeit der Masuren aus. 1863 nimmt er am Polenaufstand teil und wird dafür – als Waffenschmuggler – mit einer Gefängnisstrafe belegt. Nach seiner Entlassung zieht er nach Lwów, damals Hauptstadt des unter österreichischer Kontrolle stehenden Königreichs Galizien. Dort wirkt er bis zu seinem Tod im Jahr 1918 als Leiter der bedeutenden Ossolineum-Bibliothek. Nach der Übernahme Masurens durch Polen wurde die Stadt Rastenburg zu seinen Ehren in Kętrzyn umbenannt. In der Stadt befindet sich auch ein Museum, das Leben und Werk Wojciech Kętrzyńskis zum Thema hat. Das Wojciech-Kętrzyński-Institut in Olsztyn dokumentiert und erforscht den historischen Widerstand der masurischen Bevölkerung gegen die Germanisierung.

Sonntägliche Stille liegt über dem Land und den beiden kleinen Dörfern, die wir passieren. Hinter Schuttschen verlässt uns unser Begleiter. Ich empfinde eine große Zärtlichkeit für dieses karge Land und seine anspruchslose Bevölkerung. Merkwürdig übrigens, wie die Lebensgewohnheiten dieser östlichen Völker, von der Ostsee bis zum Schwarzen Meer, sich überall ähneln. Von Litauen bis hinunter zum Balkan findet man überall die gleichen Bilder: ausgewachsene Männer und Kinder, die tagaus, tagein nichts anderes tun als mit ihrer Kuh herumzuziehen und sie irgendwo am Wald- oder Wegesrand zu hüten. Als wir nach etwa einer Stunde aus dem Walde heraustreten, liegt Schobensee wie eine persische Miniaturmalerei vor uns."

Vom ehemaligen Schlossherrn Carol Lehndorff wird übrigens überliefert, dass er, kein Freund von Obrigkeiten, eine von den nationalsozialistischen Machthabern geforderte Rede an „Volk und Führer" mit den Worten „Heil ...? Donnerwetter, wie heißt der Kerl doch gleich? Na, dann eben Waidmannsheil" beendet haben soll. Sein Vetter, Heinrich Graf Lehndorff, wurde aktiv, wo sein Verwandter die Diktatoren nur mit Missachtung und Desinteresse strafte. Er wurde 1944 als Mitattentäter des Grafen Stauffenberg in Berlin-Plötzensee ermordet.

Auf Spaziergängen am See entlang hat man hier immer wieder Gelegenheit zu atemberaubenden Ausblicken auf die Wasserwelt. Aber auch im Landesinneren gibt es einiges zu sehen; dazu gehört der 22 Kilometer lange, nicht fertiggestellte „masurische Kanal". Das Bauwerk wurde 1862 begonnen und sollte vom Mamry-See über den Rydzówka-See bis

◀ Abendstimmung auf dem Jezioro Mamry (Mauersee). Die Gegend ist besonders bei Vogelfreunden beliebt; gerade in den Abendstunden können viele Wasservogelarten auf dem See und den zahlreichen Inselchen beobachtet werden.

◀ Die masurischen Seen laden mit ihrer perfekten Verbindung von üppigem Grün und kühlem Blau zum Verweilen und Genießen ein.

nach Russland führen. Trotz mehrerer Anläufe wurde das Werk nie vollendet; die Geschichte kam dem Kanal immer wieder in die Quere. Auf polnischem Gebiet finden sich heute noch fünf Schleusenkammern des Projekts; zwei davon können in Leśniewo (Fürstenau) bewundert werden.

Eine ganz andere Sache ist die masurische Pyramide. Ja, richtig – solche Gebilde gibt es eben nicht nur in Ägypten. In Rapa (Kleinangerpapp) wurde im Jahr 1812 eine Grabstätte in Form einer Pyramide errichtet, nach Plänen des Bildhauers Bertel Thorvaldsen. Auftraggeber war das Adelsgeschlecht der Fahrenheits, Verwandte des bekannten deutschen Physikers. In der Grabstätte ruhen die mumifizierten

Leichen der Familienangehörigen; nach einer Theorie soll die „Pyramidenenergie" diese besonders gut erhalten.

Doch nach diesem kurzen Abstecher nach Ägypten wollen wir wieder auf die Wasserwege Masurens zurückkommen. Anders als der „masurische Kanal" wurde der „Oberländische Kanal" (Kanał Elbląski; auch Kanal Elbing-Osterode oder Elbląg-Kanal genannt) durchaus verwirklicht. Er erleichterte im 19. Jahrhundert den Transport von Holz und anderen Gütern an die Küste und verband verschiedene ostpreußische Städte mit dem Frischen Haff und damit mit Königsberg bzw. der Ostsee. Aus Königsberg stammte auch der ausführende Ingenieur, Georg Steenke. Die Anlage ist noch heute eine

Attraktion; besonders die Schleusenanlagen, darunter die „geneigten Ebenen", erfreuen sich regen Interesses. Immerhin überwindet der Kanal ganze 99 Höhenmeter auf seinem Weg zum Meer hinunter. Die „geneigten Ebenen" lassen sich am besten als „Schiffseisenbahn" beschreiben. Dabei werden die Schiffe auf einen auf Schienen laufenden Transportwagen gesetzt und dann auf die nächste Ebene hinabgelassen oder zu ihr hinaufgezogen. Bei einer solchen Aktion wird immer ein Wagen hochgezogen, während der andere abwärts reist. Diese besondere Art Schiffshebewerk ist auf der Welt nur selten zu finden; teilweise auch deswegen, weil die Binnenschifffahrt als Transportmittel mit der Ausweitung des Eisenbahnnetzes international stark an Bedeutung verloren hat. In den Sommermonaten werden Schifftouren auf dem Oberländischen Kanal angeboten.

Als Abschluss des „wässerigen" Kapitels unserer Masuren-Reise bietet sich ein weiteres Zitat des G. Hermann, wieder von 1932, an: „Wer je den Sonnenuntergang an einem masurischen See mit seinen rotgelben Reflexen auf dem glatten Wasserspiegel und dem violetten Widerschein der dunklen Waldkulissen gesehen hat, wenn sich über den See ein fahler, lichtblauer Himmel spannt, der hängt an diesem Stückchen Erde und fühlt sich immer wieder hingezogen. Mit dem Wechsel von blendendhellen Wasserflächen und tiefdunklen, scheinbar unergründlichen Stellen erinnert er unwillkürlich an das menschliche Auge, in dem die dunkle Pupille auf weißem Grunde jedem äußerlichen Eindruck folgt." – Dem ist wenig, nun, eigentlich nichts hinzuzufügen.

Węgor-
zewo (Angerburg)
ist ein malerisches Ört-
chen, das auch als das „Tor
zu Masuren" bezeichnet wird.
Am Mauersee gelegen, bietet der
Ort alles, was Wassersportler
oder Ausflügler sich nur wün-
schen können.

MALERISCHES ÖRTCHEN

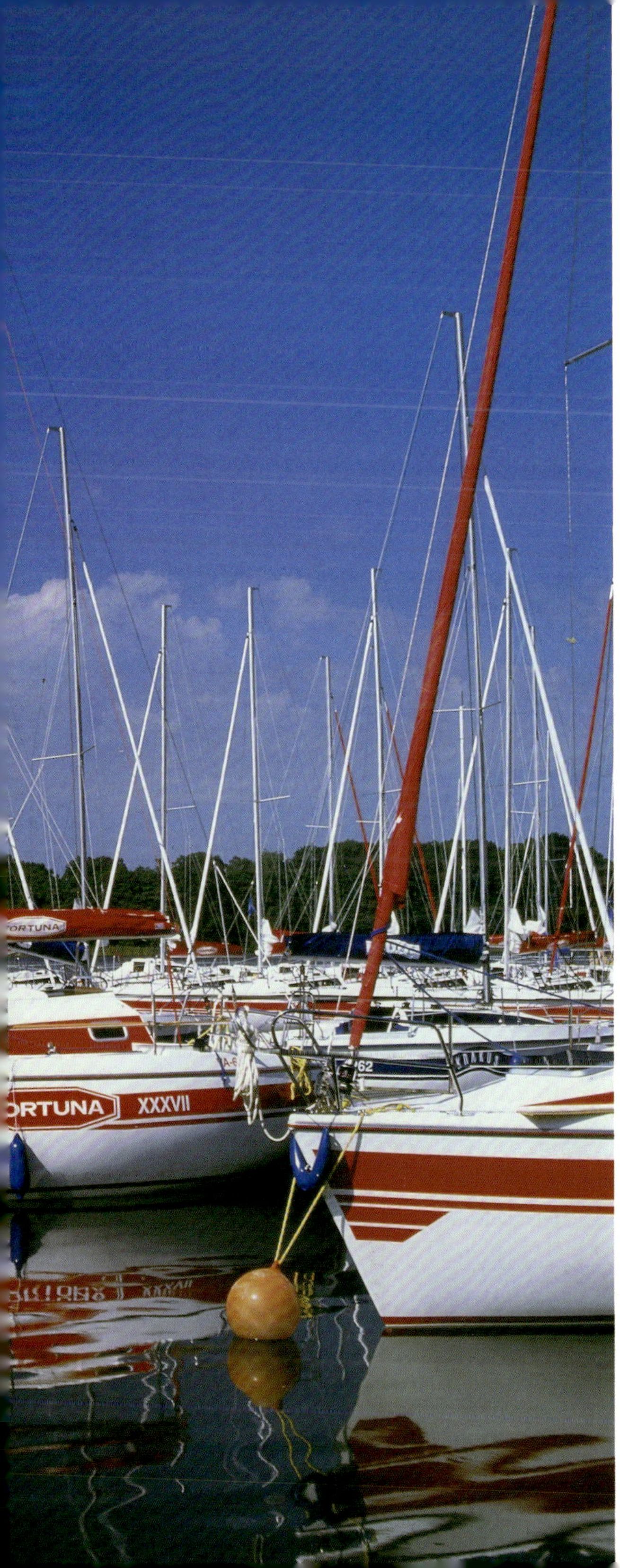

Yachthafen

Welt der Schleusen

◀ Besuchern stehen zahlreiche Miet-
boote zur Verfügung; die hier gezeigte
Segelbootflotte liegt auf dem Jezioro
Mamry (Mauersee), dem zweitgrößten
See der masurischen Seenplatte.

◄ **Das Stadtzentrum von Mikołajki.**
Die Zierfigur des Brunnens stellt
einen Stint dar und erinnert an die
Legende des „Königs der Fische"
oder „Stinthengstes", die die große
Bedeutung des Fischfangs für den
Ort belegt. Die Ortschaft liegt am
Spirdingsee, dem größten See der
masurischen Seenplatte.

▶ Die Hafenpromenade von
Mikołajk (Nikolaiken), einer
umtriebigen Kleinstadt mit etwa
4.000 Einwohnern, bietet ein
reiches touristisches Angebot.
Souvenirs, Mietboote, gastronomische Überraschungen und
regionale Informationen –
hier findet der Besucher alles,
was sein Herz begehrt.

▼ Mikołajki (Nikolaiken) ist ein idealer Ort für Segelfreunde und andere Besucher, um nach einem langen Tag auf den Seen oder in den Wäldern auszuspannen und die Annehmlichkeiten des Orts zu genießen. Das touristische und gastronomische Angebot ist reichhaltig und verlockend.

▲ **Das Kajakfahren,** hier auf dem Krtuynia-Fluss in der Nähe der Ortschaft Ukta, ist inzwischen bei Jung und Alt gleichermaßen beliebt.

◀ **Das Kloster der Altgläubigen** in Wojnowo (Eckertsdorf). Der Ort bildete das Zentrum der russischen Altgläubigen, die in der Region nach einer von den russischen Kirchenautoritäten verordneten Glaubensreform eine neue Heimat fanden.

▶ Neben den Stak-booten erfreut sich in den letzten Jahren auch das Kajakfahren auf der Krutynia großer Beliebtheit. Die abge-bildete Kajakflotte wird vom Dorf Krutyń aus verliehen.

▼ Der Fluss Krutynia (Kruttina) gehört zu den beliebtesten Wasserwegen der masurischen Seenplatte. Einige anliegende Orte, darunter Ruciane-Nida, bieten auch Stakboote an, die sich besonders für kurze Ausflüge in die Flusswelt eignen.

Der Fluss Krutynia bietet viele malerische Ausblicke zu beiden Seiten seines Ufers. Ausflüglern, egal welcher Art, wird empfohlen, immer ein Picknick und eventuell sogar eine gute Flasche Wein mit sich zu führen – um auf die Verführungskünste der Gegend vorbereitet zu sein.

DER FLUSS KRUTYNIA

Segel setzen und einsam in die untergehende Sonne hinausgleiten, immer auf der Suche nach dem Horizont und überraschenden Entdeckungen – althergebrachte, fast schon traditionelle Träume vom unendlichen Westen werden hier im unendlichen Osten charmant umgeschrieben.

SEGEL SETZEN

▼ Die Stadt Elbląg (Elbing) war früher eine der wichtigsten Hansestädte im Osten Mitteleuropas; inzwischen hat sie keinen direkten, unter Landeskontrolle stehenden Zugang zum Meer mehr, da die Verbindung durch die Oblast Kaliningrad führt.

Eisboot auf dem See

Windsurfen in Masuren

◀ Die berühmte „Schiffseisenbahn" befördert Schiffe auf Gleisen über größere, steile Strecken. Das historische System ist ein faszinierendes Technikdenkmal.

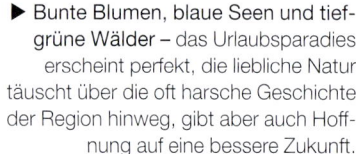

▶ Bunte Blumen, blaue Seen und tief-
grüne Wälder – das Urlaubsparadies
erscheint perfekt, die liebliche Natur
täuscht über die oft harsche Geschichte
der Region hinweg, gibt aber auch Hoff-
nung auf eine bessere Zukunft.

◄ **Die Geschichte der Wallfahrtskirche** von
Święta Lipka (Heiligelinde) geht bis auf das
15. Jahrhundert zurück. Das heute bestehende
Gebäude wurde 1730 vollendet.

Angeln am See

▶ Der Nidzkie (Niedersee) bei
Ruciane-Nida ist ein ideales Gebiet für
Wanderungen entlang dem Seeufer.
Auch Ruderfahrten bieten sich an.

◄ Der bei Tauchern und Schwimmern besonders beliebte Jezioro Hańcza, in der Nähe von Suwałki gelegen, befindet sich zwar technisch gesehen nicht in Masuren, aber ein Abstecher in die etwas weiter östlich liegende Region lohnt sich trotzdem.

▲ Da das Mauerseesystem recht ausgedehnt ist,
bietet es ideale Voraussetzungen für Kreuzfahrten.
Die abgebildeten Ausflügler erkunden gerade den
Dargainen-See.

◄ Friedliche Wasserflächen,
weite Wolkenhimmel – Wanderungen entlang dem Mauersee
bieten viele malerische Ausblicke.

Natür-
lich ist das Baden im
Mamry (Mauersee) eine
beliebte Freizeitbeschäftigung,
ebenso wie in den anderen Gewässern der masurischen Seenplatte. Da
viele der Seen flach sind (der Mamry
bringt es allerdings auf eine mittlere Tiefe
von 11 Metern und eine maximale Tiefe
von 44 Metern), erwärmen sie sich im
Frühling recht schnell und bieten so
angenehme Badetemperaturen.

BADEN IM MAMRY (MAUERSEE)

Als „Mauersee" beschreibt man nicht nur den eigentlichen Mauersee, sondern auch ein System aus sechs verbundenen Seebecken; zu diesen Seen gehört auch der hier abgebildete Kissain-See. Das System lädt natürlich zu ausgedehnten Bootsfahrten mit den regionalen Ausflugsschiffen oder auch zum individuellen Erkunden mit dem Ruderboot ein.

SYSTEM AUS SECHS VERBUNDENEN SEEBECKEN

Wild lebende Enten

Weißer Schwan

◄ **Die Haubentaucher** (Podiceps cristatus) ernähren sich hauptsächlich von Fischen. Dank ihrem auffälligen Gefieder können sie leicht erkannt werden.

Kormoran

▲ **In der Gegend um Elbląg** finden sich hübsch anzusehende Bauernhäuser. Die Musterung ist für die Gegend typisch.

◄ **Ein Feldweg bei Elbląg.**
Das Kreuz belegt die große Bedeutung der Religion für die Bewohner der Gegend.

Psalmworte Nr. 3
Text: Psalmen
Foto: Luise Vogel

Evangelischer Diakonissenring
Schrittenmission
Elsa-Brändström-Straße 10
7430 Metzingen

◢ Braniewo (Braunsberg) liegt nur
wenige Kilometer von der Küste des
Frischen Haff entfernt. Das Bild zeigt
das Collegium Hosianum.

◀ Der Fluss Nogat fließt nicht nur an Elblag vor-
bei, sondern auch an der berühmten Marienburg,
dem ehemaligen Hauptsitz des Deutschen Ritterordens in der Stadt Malbork.

▲ ▶ **Malerische Aussichten** wie diese bei Giżycko überraschen und erfreuen Besucher der Masuren immer wieder.

▼ Das Panoramabild der Stadt Olsztyn (Allenstein) zeigt die Jakobskirche in der Stadtmitte und die üppige Waldlandschaft, die den Ort zu durchdringen scheint. Das Foto entstand 1999.

Landschaft vieler Kulturen

Masuren ist nicht nur ein wunderschönes Stück mitteleuropäischer Natur; trotz aller Beschaulichkeit und Abgelegenheit wurde es auch immer wieder zum Schauplatz des Weltgeschehens. Von den Herrschaftsansprüchen des Deutschen Ordens, der hier einen mächtigen, klerikal strukturierten Ordensstaat aufbaute, zeugen noch immer die „teutonischen" Trutzburgen und die zahlreichen Kirchen. Die feudalen Strukturen lassen sich dagegen an den vielen Schlössern und Herrensitzen erkennen, die nach dem Zweiten Weltkrieg weitgehend dem Verfall überlassen, in letzter Zeit aber oft wieder restauriert wurden. Hotels, Restau-

rants und Museen entstehen, wo einst hochwohlgeborene ostpreußische Adelsgeschlechter ihren Vergnügungen nachgingen, ihre Ränke schmiedeten. In den Bauten der Nationalsozialisten, insbesondere der „Wolfsschanze", spiegelt sich der Untergang der alten deutschen Kultur in der Barbarei einer menschenverachtenden Diktatur wider. Innerhalb der deutschen Nachkriegskultur ist Masuren durch die Vertreibung nach dem Zweiten Weltkrieg ein Land der Erinnerung geworden, in Polen ist die Region Teil einer neuen, polnischen Hegemonie, in der das Zusammenleben mit einer nicht immer stummen Minderheit geübt werden muss; der angemessene Umgang mit diesen Erinnerungen und Lebensrealitäten, sowohl durch direkt betroffene als auch durch später geborene oder solche ohne Familienbande, muss als Prüfstein für das Verständnis der sicherlich nicht einfachen polnisch-deutschen Nachkriegsgeschichte dienen.

Im neuen Europa nun kommen auch wieder ganz andere Herausforderungen auf Masuren zu: Der ökologisch richtige Umgang mit der Natur und der Aufbau einer nachhaltigen, „sanften" Tourismusindustrie sind die großen Herausforderungen der Gegenwart. Wir haben auf den vorhergehenden Seiten bereits einige kulturell interessante Bauwerke und Orte gestreift; einige der wichtigsten und bekanntesten wollen wir im Folgenden vertieft vorstellen.

◄ **Eine Straßenszene in Olsztyn,** rechts das Rathaus. Die Fotografie stammt aus dem Jahr 1957.

Von Ort zu Ort

Olsztyn (Allenstein) ist die Hauptstadt der Woiwodschaft Ermland-Masuren. Mit 175.000 Einwohnern (ca. 400.000 im Einzugsgebiet) ist sie auch die bestimmende Stadt der Region. Die Stadt wurde 1353 im Schutz der bereits im Aufbau befindlichen Allensteiner Burg gegründet. Die Burg war Sitz der Verwaltung des lokalen Domkapitels; von 1516 bis 1519 war der heute eher als Astronom bekannte Nikolaus Kopernikus auf Allenstein Domherr. Im Jahr 1520 organisierte er hier erfolgreich die Verteidigung der zum Preußischen Bund gehörenden Stadt gegen die Angriffe des Deutschen Ordens; daran erinnert noch heute eine kleine Gedenktafel in Kopernikus' alter Wohnkammer. Die sehenswerte Burg, zu der seit Mitte des 18. Jahrhunderts auch ein Schlossgebäude gehört, beherbergt heute auch – im interessanten Museum von Ermland und Masuren – eine Kopernikus-Ausstellung; wer sich mehr für Kopernikus' astronomische Leistungen interessiert, sollte das Kopernikus-Planetarium im Ostteil der Stadt besuchen; das Bild der Welt revolutionierte Kopernikus aller-

Kopernikusturm

dings nicht hier, sondern in Frombork (Frauenburg), am Frischen Haff. Die hübsche Stadt mit ihren beeindruckenden Sakralbauten wurde zu Kopernikus' Wahlheimat, nachdem er 1921 Allenstein verlassen hatte; ein Ausflug nach Frombork lohnt sich, auch wenn man damit, rein technisch gesehen, Masuren „ein Stückchen weit" verlässt.

Aber nun zurück nach Allenstein: Nach den üblichen Stationen der masurischen Geschichte – Schaffung Preußens, Tartareneinfall und Pest – erlebte Allenstein Mitte des 19. Jahrhunderts einen starken wirtschaftlichen Aufschwung, da die Stadt zu einem wichtigen Knotenpunkt der neu verlegten Eisenbahnlinien wurde. Es wurden zahlreiche prächtige Gebäude errichtet; noch heute sind einige im Jugendstil erbaute Stadtvillen erhalten. Ab 1926 gab es dann auch eine Flugverbindung nach Danzig. Als die Stadt 1945 von der Roten Armee eingenommen wurde, kam es zu teilweise grausamen Handlungen mancher sowjetischer Soldaten gegenüber der Zivilbevölkerung; in den 50er Jahren wurden hier mehrere Massengräber gefunden. Die Geschichte der Eroberung durch die Rote Armee und die dabei erfolgten Ausschreitungen wurden später von zwei bedeutenden russischen Zeitzeugen und Schriftstellern aufgeschrieben (Alexander Solschenizyn, „Ostpreußische Nächte"; Lew Kopelew, „Aufbewahren für alle Zeit"). Nach dem Krieg kam Allenstein zu Polen und wurde in Olsztyn umbenannt. Im Laufe der Jahre wurde die weitgehend zerstörte Stadt auch wieder aufgebaut; als polnische Stadt erlebte Olsztyn ein ungeheures Bevölkerungswachstum. 1999 wurde hier die Ermland-und-Masuren-Universität gegründet, wodurch die wachsende Stadt ihren Anspruch als intellektuelles Zentrum Masurens noch unterstrich. Dennoch sind die Folgen der nationalsozialistischen Diktatur und des Krieges in der Stadt weiterhin sichtbar. Am Targ Rybny („Fischmarkt") mahnt ein Museum im historischen, restaurierten Gebäude der Zeitung „Gazeta Olsztyńska" („Olsztyn-Zeitung");

eine polnischsprachige Publikation, die von 1886 bis 1939 erscheinen konnte und von deren Mitarbeitern viele in den Konzentrationslagern der NS-Regierung umkamen) auf beeindruckende Weise gegen Diktatur und Unterdrückung – wenn auch, das soll nicht verschwiegen werden, mit einem manchmal recht einseitig wirkenden Blick auf die Geschichte. In diesem Sinne drückt sich hier auch die lange, aber langsam aufweichende Abschottung zwischen der deutschen und polnischen Kultur aus. Seit Ende des Zweiten

DIE VOLKSABSTIMMUNG ALLENSTEIN

Im Vertrag von Versailles wurde bestimmt, dass Deutschland die Kontrolle über verschiedene Gebiete abgeben musste; darunter große Teile Westpreußens und die Stadt Danzig, die als „Freie Stadt" direkt dem Völkerbund unterstellt wurde. In Westpreußen sollte allerdings im Abstimmungsgebiet Marienwerder, in Ostpreußen im Abstimmungsgebiet Allenstein (zu dem Masuren gehörte) eine Volksabstimmung durchgeführt werden. Entsprechend begann ein deutsch-polnischer Propagandakrieg. Beide Parteien hatten eigentlich keine großartigen Zukunftsaussichten vorzuweisen; die Weimarer Republik musste als Kriegsverlierer hohe Reparationsforderungen erfüllen, die Industrie lag am Boden: Ein „Wirtschaftswunder" war für die nächsten paar Jahrzehnte nicht zu erwarten. Auch hatten die Versuche der kaiserlich-deutschen Behörden, das Deutschtum im multikulturell geprägten Masuren durchzusetzen, zu einer gewissen Distanzhaltung in breiten Teilen der Bevölkerung geführt. Polen dagegen befand sich im Polnisch-Sowjetischen Krieg, was trotz nationalistisch geprägter Propaganda sicherlich nicht gerade als günstiger Moment für einen Beitritt zu dem Land gewertet werden konnte. Das Ergebnis aber war eindeutig: Bei einer Wahlbeteiligung von 87 % stimmten am 11. Juli 1920 im Bereich Allenstein 97 % für den Verbleib bei Deutschland, in Marienwerder sprachen sich, bei einer Wahlbeteiligung von 84 %, 92 % für die Weimarer Republik aus.

Weltkriegs erscheint die Tageszeitung übrigens wieder unter gleichem Namen.

Im etwa 50 Kilometer entfernten Nidzica, am südlichen Rand der Allensteiner Seenplatte, findet sich die Neidenburg, die der Stadt früher auch ihren deutschen Namen gegeben hat. Die Neidenburg lag nahe der Grenze zum polnischen Masowien (Mazowsze). Sie ist dement-

sprechend gut ausgebaut und gehört sicherlich zu den beeindruckendsten Ordensburgen. Im 19. Jahrhundert wurde sie als Amtssitz und Gefängnis genutzt, 1945 brannte sie teilweise aus. Nachdem die Anlage 1965 restauriert wurde, erstrahlt sie nun sozusagen wieder in „altem Glanz" und kann besichtigt werden – und nicht nur das: In dem Gebäude existiert

DIE HEILIGE WELTPOLIZEI

Der Orden der Brüder vom Deutschen Haus St. Mariens in Jerusalem – kurz der Deutsche Orden, lateinisch Ordo Teutonicus – wurde im 12. Jahrhundert bei der Belagerung von Akkon durch die Stiftung eines Hospitals für Kreuzritter durch norddeutsche Kreuzfahrer als Krankenpflegerorden gegründet. Das Zeichen des Ordens ist ein schwarzes Tatzenkreuz auf weißem Grund, der Wahlspruch des Ordens lautete „Helfen, Wehren, Heilen". Der Orden genoss schon bald die Gunst der Kaiser des Heiligen Deutschen Reiches; schnell wurden ihm auch

Hospitäler und andere Liegenschaften im Reichsgebiet übertragen. Als der Deutsche Orden von Konrad I. von Masowien um Unterstützung gegen die wehrhaften Pruzzen gebeten wird, sichert sich der Orden im Falle einer erfolgreichen Eroberungs- und Christianisierungsmission die Souveränität über das Gebiet. Die Aktion beginnt 1231 und findet durch die Errichtung einer Burg in Thorn ihren Auftakt; diese wird zur Keimzelle des unabhängigen Deutschordensstaats, aus dem später Ostpreußen entstehen wird. Als der Deutsche Orden in der Schlacht bei Tannenberg entscheidend von der polnisch-litauischen Armee geschlagen wird, beginnt das Ende des Ordensstaates; zwar kann Polen-Litauen den Ordensstaat nicht einnehmen, doch der Friedensvertrag von Thorn

erlegt dem sakralen Staatsgebilde so hohe Kontributionszahlungen auf, dass er sich nun quasi zum Feind der eigenen Bevölkerung machen muss. Im 16. Jahrhundert ist das Ende des Deutschordensstaats gekommen; der später Preußen genannte Teil des untergehenden Staates kommt unter die Lehnhoheit Polens, im Laufe des 17. Jahrhunderts entwickelt sich daraus dann das Herzogtum und schließlich das Königreich Preußen. Der Deutsche Orden selbst besteht weiterhin: Er wurde nach dem Zweiten Weltkrieg in einen klerikalen Orden umgewandelt, der sich nun hauptsächlich karikativen Aktivitäten widmet. Der Hauptsitz des Ordens findet sich inzwischen im Wiener Deutschordenshaus, direkt hinter dem Stephansdom.

inzwischen auch ein Hotel. Schlafen wie ein Ordensritter, das ist doch auch mal was.

In Olsztynek (Hohenstein) befindet sich das Museum für volkstümliche Baukunst; das Freiluftmuseum zeigt traditionelle masurische Gebäude – von Windmühlen über malerische Kirchlein findet sich hier alles, was das volkshistorisch interessierte Herz begehrt – mitten in der prächtigen masurischen Natur. Noch ein Stückchen weiter nach Südwesten, und man befindet sich in Grunwald (Grünfelde). „Grunwald? Hm, war da nicht was?", mag sich nun mancher dunkel an den Geschichtsunterricht erinnern. Und richtig, da war was. Was allerdings die polnische Geschichtsschreibung als Schlacht bei Grunwald feiert, nennt die deutsche Geschichtsschreibung die Schlacht bei Tannenberg – Tannenberg (Stębark) ist der Name des Nachbarortes. (Nebenbei: Die Geschichtsbücher der ehemaligen DDR folgten der polnischen Namensgebung.) Hier kam es am 15. Juli 1410 zur Entscheidungsschlacht zwischen den Streitkräften des Deutschen Ordens und dem Heer von Litauen-Polen. Dabei unterlag der Deutsche Orden, der nun gezwungen war, einen ungünstigen Friedensvertrag zu unterzeichnen, was schließlich das Ende des Ordensstaates einläutete. Zwischen den Orten Grunwald und Stębark wurde 1966 das Grunwald-Denkmal errichtet; es handelt sich um eine Art polnisches Nationalehrenmal. Die Schlachtaufstellung wurde hier durch steinerne Monumente verewigt. Von einer markierten Aussichtsplattform kann man sich eine Übersicht über die militärische Situation verschaffen. Zudem gibt es eine polnische Siegessäule und einige andere Monumente zu besich-

tigen. Die „Schlacht bei Tannenberg" wird als eine der größten Ritterschlachten des Mittelalters angesehen; die Darstellung und Anrufung

◀ Das Rathaus von Nidzica (Neidenburg). Der Ort befindet sich am südlichen Rand der Allensteiner Seenplatte und lag früher am Rand des Gebiets des Deutschritterordens.

der Schlacht und des Sieges über den Deutschen Orden, der oft als Sieg über das Böse – ja, in diesem Fall die Deutschen – gewertet wird, war ein wichtiges Element in der Ausbildung des polnischen Nationalbewusstseins. Der Roman „Krzyżacy" („Die Kreuzritter") von Henryk Sienkiewicz, erschienen im Jahr 1900, prägte in seiner oft krassen Schwarz-Weiß-Zeichnung über Generationen das polnische Bild der Deutschen; der Roman war auch das erste Buch, das in Polen nach 1945 wieder in Druck ging. Seit 1997 findet in der Gegend jährlich eine „Nachinszenierung" der Schlacht statt, bei der mehrere Tausend Darsteller das Kampfgetümmel nachstellen. Auf deutscher Seite versuchte man Anfang des 20. Jahrhunderts, die Geschichte umzuschreiben, indem man eine brutale, unweit des Grunwald-Feldes geschlagene Schlacht zwischen den deutschen und russischen Heeren als gewonnene „Schlacht bei Tannenberg" bezeichnete. Der General Hindenburg wurde zum „Held" dieser

▶ Das Grunwald-Denkmal erinnert an die Schlacht bei Grunwald/Tannenberg, wo im Jahr 1410 die Streitmacht des Deutschen Ordens entscheidend vom Heer von Litauen-Polen geschlagen wurde.

erinnerte an Stonehenge und kann als Vorreiter der mythisch angehauchten NS-Kultanlagen angesehen werden. Die NSDAP feierte den greisen Hindenburg später als „Held von Tannenberg"; Hindenburg wurde 1934 in dem Mahnmal beigesetzt, es wurde nun zum Reichsehrenmal und sollte als Totentempel die Bereitschaft zur Aufopferung der Deutschen für die NS-Machthaber fördern. Im Januar 1945 wurde die Anlage auf Hitlers Befehl so weit möglich gesprengt; statt zu versuchen, ihre Mitbürger vor der anrückenden Roten Armee zu retten, brachten NS-Schergen die als Nationalheiligtümer betrachteten Särge von Hindenburg und seiner Frau in Sicherheit.

Auch das letzte Mahnmal, mit dem wir uns befassen wollen, hat eine NS-Vergangenheit. Nahe Kętrzyn liegt das Dorf Gierłoż (Görlitz); in dem nahen Sumpfgebiet wurde 1940 das Führerhauptquartier „Wolfsschanze" (Wilczy Szaniec) eingerichtet. Der Name bezieht sich auf

Schlacht stilisiert; 1927, zum 80. Geburtstag Hindenburgs, wurden General und Schlacht durch die Einrichtung des Nationalehrenmals Tannenberg geehrt – es handelte sich hierbei um eine monumentale Anlage, die ausschließlich durch Spenden finanziert worden war. Der Ort sollte das deutsche „Publikum" zu Nationalstolz und Vaterlandsergebenheit erziehen und nebenbei die alte „Schlacht bei Tannenberg/ Grunwald" vergessen machen. Erinnerungen an Niederlagen und Fehler waren der damaligen Militärelite nicht willkommen. Die Anlage

▲ Am Ort des Stauffenberg-Attentats erinnert ein Denkmal an die mutige, späte Tat vom 20. Juli 1944. Hier wird der alte, inzwischen seltsam klingende Ausspruch „eine Reise nach Ostpreußen ist eine Reise in die Vergangenheit" auf den Punkt gebracht.

ein Pseudonym, das Adolf Hitler in den 20er Jahren verwendete. Die Anlage hatte zwei Flugplätze sowie Bahnanschluss; die zahlreichen Wohn- und Verwaltungsräume und die massiven Bunkereinrichtungen waren zudem mit einem Minengürtel und Stacheldraht geschützt. Von hier aus sollte die „Operation Barbarossa", der Überfall auf die Sowjetunion, zum Erfolg geführt werden. Am 20. Juli 1944 misslang an diesem Ort das Stauffenberg-Attentat auf Hitler. 1945 sprengte die Wehrmacht auf ihrem Rückzug die Einrichtung. Bis

1955 wurden in der Gegend ca. 55.000 Minen entschärft. Seit 1959 kann man die „Wolfsschanze" besuchen; allerdings wird man immer noch gewarnt, die ausgeschilderten Wege nicht zu verlassen – zu groß ist die Gefahr, dass es doch noch irgendwo nicht entdeckte Minen gibt.

Ein Besuch bei der Wolfsschanze mag einen durchaus über den Lauf der Geschichte verzweifeln lassen. Am Ende einer Masuren-Reise sollte man sich daher an einen der schönen Seen oder angenehmen Orte der Gegend

DIE PREUSSISCHEN EIDSBRÜDER

Im Jahr 1440 haben es die Adeligen und Städtevertretungen im Deutschordensstaat satt: Um die Verpflichtungen gegenüber Polen zu erfüllen, erheben die Ordensbehörden inzwischen horrende Steuern. Zudem haben die Stände und Städte der Region innerhalb des Staatswesens keinerlei Mitspracherecht. Daher kommt man zusammen, um „getreulich einander beizustehen, (...) die Gewalt und das Unrecht, das ihnen in früherer Zeit geschehen, abzuwerfen". Ganze 19 Städte – darunter Königsberg sowie die Stadtstaaten und Hansestädte Danzig und Thorn – und 52 Adelshäuser schließen sich zusammen, zuerst, um überhaupt eine Verhandlungsbasis dem gut organisierten Orden gegenüber zu haben. Nachdem Kaiser Friedrich III. das Anliegen des „Preußischen Bundes" 1453 aber für unrecht erklärt hat, kommt es zum Aufstand. Der Bund findet in Kasimir IV. von Polen einen starken Verbündeten; es beginnt der Dreizehnjährige Krieg gegen den Deutschen Orden, der mit dem Zweiten Frieden von Thorn 1466 endet. Die dem Orden entzogenen Teile des Bundes werden nun autonom und in Personalunion mit der polnischen Krone als „Preußen königlichen Anteils" verwaltet. Sie sind damit erst einmal Teil des polnisch-litauischen Reichs, das im 16. Jahrhundert zur europäischen Großmacht heranwächst.

▶ Jedes Jahr kommt es in Grunwald zu einer friedlichen „Nachstellung" der Schlacht bei Grunwald. Das Ereignis ist regelmäßig ein Besuchermagnet.

Recht. Das alte Wort: ‚Wo sich aufhört die Kultur, fängt sich zu leben an Masur' mag wohl früher einige Berechtigung gehabt haben, trifft aber in keiner Weise mehr auf die heutigen Verhältnisse zu, angesichts des außerordentlichen Aufschwungs, den Masuren im letzten Jahrzehnt aufzuweisen hat. Schon sieht man häufig Freunde des Wassersports aus fernen Gegenden Deutschlands auf den lieblichen, langgestreckten Seenketten Masurens und auf den sie verbindenden Wasserstraßen segeln. Vielfach begegnet man auch Touristen in den weiten Forsten und Seengebieten, und eine kleine, ausgewählte Gemeinde kehrt alljährlich nach Masuren wieder, um an seinen herrlichen Seen und in seinen unermesslichen Wäldern auf frohe Entdeckungsfahrten auszuziehen." (Wer sich jetzt wieder „Da war doch was?" fragt und zum Anfang dieses Textes zurückblättern möchte: Nur zu.)

begeben und ganz ihre friedliche Gegenwart auf sich wirken lassen; denn Masuren war einst und ist wieder ein friedlicher Ort, dessen vielleicht tiefste Kultur seine Natur darstellt und das Verhältnis seiner Bewohner und Besucher zu dieser. Aus diesem angenehmen Frieden und dem Schrecken der Geschichte sollte man Lehren ziehen. Doch genug von der Vergangenheit, oder? Wir wollen mit einem weiteren Zitat von G. Hermann schließen, das, obwohl auf 1932 datierend, gegenwärtiger nicht sein könnte: „Masuren beginnt die Aufmerksamkeit der Naturfreunde (...) zu erregen. Und das mit

▶ Die Natur erobert sich das Gebiet des alten Nazi-Hauptquartiers wieder. An diesem Ort kann man sinnlich erfahren, wie komplett das Nazi-Regime besiegt wurde. Allerdings ist noch immer Vorsicht geboten. In dem Gebiet können noch immer nicht entdeckte Sprengkörper verborgen liegen.

▲ Olsztyn, die Hauptstadt
der Woiwodschaft Ermland-
Masuren. Im Vordergrund das
gotische „Hohe Tor", das sich
direkt auf die Altstadt öffnet.

◄ Der Marktplatz von Olsztyn (Allenstein)
mit dem Rathaus im Hintergrund. Olsztyn ist
die Hauptstadt der Woiwodschaft Ermland-
Masuren.

▲ Die aus dem Mittelalter stammende Marienburg ist einer der größten Backsteinbauten Europas, der Stil des Gebäudes erinnert stark an die für Norddeutschland typische Architekturform dieser Zeit. Der Hochmeister Siegfried von Feuchtwangen verlegte den Hauptsitz des Deutschen Ordens 1309 von Venedig in das ehemalige Siedlungsgebiet der Pruzzen zur Sicherung der Ostexpansion.

▶ Die Ordensburg von Allenstein gehört zu den vielen Wehrbauten, die der Ordensstaat der Deutschordensritter in Nordpolen zurückgelassen hat.

▶ Nein, wir befinden uns nicht in Spaniens La Mancha: Auch in der Nähe von Olsztyn finden sich hübsch anzusehende Windmühlen, die phantasievolle Besucher mit feindlichen Giganten verwechseln mögen. Dass in der Gegend Lanzen für touristische Ritterkämpfe Mensch gegen Mühle ausgeliehen werden, ist allerdings nur ein Gerücht.

◀ Ein Bauer melkt friedlich eine Kuh, deren Milch seine Familie ernährt. Das Leben und der tägliche Broterwerb der Landbevölkerung sind im heutigen Masuren noch immer oft nicht einfach, aber ebenso oft auch – noch? – von einem tiefen, natürlichen Charme geprägt.

◀ Das Hochmeisterschloss des Deutschritterordens lohnt einen Ausflug nach Malbork, das frühere Marienburg. Stadt und Burg wurden im Zweiten Weltkrieg zu gut 60 % zerstört, aber später wieder aufgebaut. Die Burganlage wurde 1997 zum UNESCO-Welterbe erklärt.

▶ Die im Zweiten Weltkrieg stark zerstörte Marienburg wurde vom polnischen Staat nach dem Zweiten Weltkrieg und der folgenden Übernahme der Masuren/Ostpreußens wiederaufgebaut und dient heute als Museum und Touristenattraktion.

Strand bei Krynica Morska

◀ **Das süße Leben am Strand** von Krynica Morska. Wer mal einen Tag lang aus der Sonne heraus möchte, der kann mit der Fähre über das Frische Haff nach Frombork übersetzen und das dortige Kulturangebot genießen.

▲ **Die Kirche der Altgläubigen in Wojnowo.** Aufgrund der toleranten preußischen Religionsgesetze siedelten sich vor den Problemen in Russland fliehende russisch-orthodoxe Christen hier an.

▶ **Die Wallfahrtskirche** von Swieta Lipka (Heiligelinde) ist eines der wichtigsten sakralen Gebäude der Region.

„Ritter" aus aller Welt spielen jedes Jahr die Grunwald-Schlacht (auch „Schlacht von Tannenberg") von 1410 nach; auf welcher Seite man dabei steht, ist egal, Polen mimen Deutsche, Deutsche geben fröhliche oder düstere Geistliche, alles ist möglich, nur eines ist klar: der Ausgang der Schlacht. Denn der ist Geschichte.

GESPIELTE GESCHICHTE

**REGIONALE
LECKEREIEN**

Ein Stand auf dem Marktplatz von Mrągowo (Sensburg). Auf diesen farbenfrohen Märkten bieten Marketender Honig, Eier, allerlei regionale Leckereien sowie eine reiche Palette an Gebrauchsgegenständen an. Die Fotografie stammt aus dem Jahr 2004.

▲ **Das Tannenberg-Denkmal** diente immer zur rechten Propaganda und zur Überhöhung des von den Initiatoren wohl als brüchig empfundenen deutschen Nationalgefühls; als die Nazi-Regierung 1935 Hindenburg hier beisetzen ließ (Foto), war der Höhepunkt der Entwicklung erreicht. Das Denkmal wurde von den Nazis auf ihrer Flucht zerstört.

◄ **Die Wolfsschanze,** früher ein bedeutender Stützpunkt des Nazi-Reichs, dient inzwischen als Museum und zur Erinnerung an die Schrecken des verbrecherischen Regimes.

▲ **Im Ort Olsztynek** befindet sich das „Freilichtmuseum der Volksbauweise". In dem 1938 eingerichteten Museum kann man verschiedene regionale Bauweisen direkt miteinander vergleichen.

▶ **In Frombork (Frauenburg),** im Verwaltungsgebiet Powiat Braniewski an der Grenze zur Oblast Kaliningrad gelegen, begann Nikolaus Kopernikus um 1600 seine Revolution des europäischen Weltbildes.

◀ Das Schloss Heilsberg gehört mit zu den am besten erhaltenen Bauwerken aus der Zeit des Deutschen Ordens.

▼ **Segeltouren** auf den wunderschönen Seen der masurischen Seenplatte gehören zu den beliebtesten Freizeitaktivitäten in der Region.